历史的面孔

徐涛 著

中信出版集团 | 北京

图书在版编目（CIP）数据

历史的面孔 / 徐涛著 . -- 北京：中信出版社，
2021.1（2026.1重印）
ISBN 978-7-5217-2546-9

Ⅰ. ①历… Ⅱ. ①徐… Ⅲ. ①历史人物—生平事迹—
中国—近代 Ⅳ. ① K820.5

中国版本图书馆 CIP 数据核字（2020）第 254245 号

历史的面孔

著　　者：徐涛
出版发行：中信出版集团股份有限公司
（北京市朝阳区东三环北路27号嘉铭中心　邮编　100020）
承 印 者：嘉业印刷（天津）有限公司

开　　本：880mm × 1230mm　1/32　　印　　张：6.75　　字　　数：133 千字
版　　次：2021 年 1 月第 1 版　　印　　次：2026 年 1 月第 14 次印刷
书　　号：ISBN 978-7-5217-2546-9
定　　价：59.00 元

服务热线：400-600-8099
投稿邮箱：author@citicpub.com

目录

序言 | 写给喜欢历史的朋友

历史总是以一种睥睨众生的编剧视角看着这山河大地风起云涌，更迭换代。西方世界有一句著名的谚语："日光之下，并无新事。"

古今中外的历史事件、人物故事，背后潜藏的规律与秩序总是相通的。你若愁苦，不知路在何方，且尽管去历史里寻一寻，看一看。

但这浩如烟海的历史，从何读起是个问题。从小上历史课，我常常产生一种感觉，历史书上用浓墨重彩描写的那些一线大咖，他们的人生都有如神助，充满了传奇色彩，其经历读起来令人荡气回肠。可是，仔细体会，我又觉得他们的人生实在是离我太遥远了，这些内容除了能够作为谈资，熏陶一下自己的大历史观，又能给我的人生以什么启发呢？

另有很多重要人物，他们在历史教科书上所占的篇幅比那些过往圣贤、开国元勋稍短一些，他们的功业未必是为天地立心、为万世开太平，但是他们也曾在经济、政治、文化等各个方面起着非常重要的作用。更关键的是，他们的故事似乎更接地气，他们有着寻常人的选择、普通人的烦恼，他们的求学进取、儿女情长、人生选择往往能够给我们带来更加贴合实际的启发。但遗憾的是，在一般的历史教科书当中，这些人被简化成了一个个的知识点，变得七零八碎。

后来，我从事中国近现代史的教学工作，因为兴趣，也因为教学需求，着实花了很多精力去仔细研究这段历史中形形色色的人物，使得一个个在我脑中曾经模糊的身影开始变得立体丰富。

中国近代历史是一段苦难史，也是一段中国人民不断探索的历史。从鸦片战争到新中国成立，“求新求变”贯穿整个时期，其中涌现了很多思想，很多方案，很多人生选择。

“见贤思齐焉，见不贤而内自省也。”没有什么“做人的道理”或“心灵鸡汤”比一段鲜活的人生经历更能给人带来思考和启发。我本人在学习这些的过程中获益良多，因此我把这些人的故事讲出来，把自己的思考整理出来，希望能够给青年朋友们提供一些思考问题的角度。

落笔还是有些惶恐，我所整理的史料在历史学研究当中如沧海一粟。我能做的，只是从一个历史老师的角度真诚地为大家梳理对我们的成长有价值的历史片段。我精挑细选了 9 个历史人物，他们的教育观、幸福观、金钱观、家国情怀、历史担当，大致可以拼凑出近代历史的思想剪影。

这本书的出版，是我和考研同学们的一次约定，也是对我们共同奋斗过的时光的一个见证，希望大家能够从中汲取这些历史人物的智慧，能有更多的勇气去面对自己有无限可能的人生。

容闳的使命

入海的第一滴水

如果你想造一艘船，

你先要做的不是催促人们去收集木材，

也不是忙着分配工作和发布命令，

而是激起他们对浩瀚无垠的大海的向往。

——安托万 · 德 · 圣–埃克苏佩里

1835年，容闳年满7岁。

在接受了邻居的建议后，容闳的父亲带他去了澳门。这位生活在广东省珠海市南屏镇的中国普通农民决定让儿子到教会学校念书。

容闳一进校门，就被引到郭实腊夫人（Mrs. Gutzlaff）面前。这位英国传教士的妻子在容闳心里留下了深刻的印象。

他清楚地记得，见到她的一刹那，自己惊愕至极，吓得全身发抖，恐惧地拽着父亲的衣襟不放——毕竟，才7岁的容闳从未见过"这般模样奇特的人和如此怪异的服饰"。面对这样一个人和周围的陌生环境，他感到茫然无措。

然而，一个崭新的世界已经展现在他的面前。

到容闳晚年时，他仍旧不太清楚，父母当初为什么会义无反顾地送自己去教会学校。

在自传中，他分析道：他们应该是预料到中外交往的巨大浪潮，送儿子去学习英文，说不定能让他成为一名高级翻译，进而获得一个跻身商界和外交界的机会。

毕竟，他们家已经有了一个念私塾、将来可以参加科举考试的长子，那么容闳或许可以成为那个让家里富裕起来的儿子。

他父母的这个决定意义重大。

要知道，那可是1835年。距离林则徐"开眼看世界"还有5年，《海国图志》也还要7年后才能问世。今天的历史教科书指出，以林则徐为起点，中国人才开始理解和接受西方文明，而且这经历了一个漫长而曲折的过程。然而，在那个广东的小渔村里，容闳的父亲却已经送儿子去西洋人的学校念书了。这已经不是“开眼看世界”了，这就是“亲身去西方世界体验”。对于容闳的父亲来说，这个决定似乎是那么自然，他的心里完全没有对中国传统礼教文化的顾虑。

他可能只是想把儿子引向“富豪”之路，却没有意识到，自己的这个决定竟成就了一位开启中国历史新篇章的先驱。

而 7 岁的容闳更不知道，自己将成为一个重要的起点。在未来几十年，他用“机器母厂”的理念打动曾国藩规划成立当时中国最大的机械厂——江南制造总局；他的幼童留美事业，培育了詹天佑、唐绍仪等人。在他身后，站起了更多受他感召的人，比如谭嗣同、梁启超、孙中山。

而他 7 岁时，作为“入海的第一滴水”，将率先融入大海，成为亲身感受西方文明的第一人。

他和他身后的“水滴”，将掀起滔天巨浪。

起锚

1847 年，容闳在西洋的教育氛围中已经浸润了 12 年。

然而，这 12 年间却充满了坎坷与波折。

1839 年，郭实腊夫人的学校因故解散，容闳只能回到南屏等待机会。可祸不单行，就在他失学期间，他的父亲撒手人寰，孩子们必须承担起养家的重担。

容闳一度以兜售糖果为生。他每天清晨 3 点起床，晚上 6 点才能回家，一天能赚 2 角 5 分。季节一过，没人熬制糖果了，他就去跟着农民拾取稻穗。在稻田里，他给农民们背诵了两遍 26 个英文字母，换取了一大捆他和姐姐都拖不动的稻谷。当时的容闳做梦也没想到，他所学到的一知半解的英语知识竟会这么早地派上用场。

此后，他在一家印刷所里做了 4 个月的折页工。这时候，一名英国医生找到了他。医生受郭实腊夫人临行前的委托，费尽心思找到容闳，带他去见了马礼逊学堂[①]的教师塞缪尔·罗宾·布朗（Rev. Samuel Robins Brown）。

在这里，容闳得以继续自己的学业。他聆听着美国老师的教诲，感受着西方文化的活力，心中对那个遥远世界充满了向往。

当他的老师布朗先生宣布要召集学生赴美深造时，容闳第一个站了出来——梦想的机会就在眼前，还有什么可犹豫的呢？

穿马六甲海峡、越印度洋、绕好望角，横渡大西洋，1847 年 4 月 12 日，容闳在纽约登岸。多年前，容闳写过一篇文章——《幻游纽约之上溯哈德逊河》。那时，他从未想过自己真能有机会站在这座城市的土地上。在自传中，他说自己在那一刻就意识到："吾人之意想，固亦有时成为事实，初不必尽属虚

① 马礼逊学堂是近代中国第一所传播西学的学校。——编者注

幻。”即有时候，我们的幻想有成为现实的可能。

布朗先生将他们安排进了当时新英格兰著名的预备学校——蒙森学校（Monson）。在那里，容闳开始接触爱迪生、奥利弗·哥尔德斯密斯、狄更斯、司各特、麦考莱、莎士比亚等大文豪的作品，以及当时流行于英国中产阶级的《爱丁堡评论》（*Edinburgh Reviews*）。

在进入学校的第一年，容闳并不认为自己将进入大学学习。布朗先生帮他筹集的资金只够他在美国学习两年。

但很快他的想法就发生了变化。他同和他一起随布朗先生到美国学习的同学黄宽开始商谈留学期限结束后的计划。他们决定留在美国继续深造。但问题来了：学习费用由谁来负担？

他们在香港的资助者给了一个答复：如果容闳与黄宽希望在完成两年学习以后继续深造，且愿意前往苏格兰爱丁堡大学完成一门专业课程的学习，他们便乐意继续资助。

这是一个慷慨且善意的建议。经过一番考虑，黄宽决定接受这一建议，并于1849年年底去了苏格兰。但容闳却不想离开美国，他想去耶鲁大学——他刚抵达美国时参观过的学校。

蒙森学校董事会认为容闳可以申请学校资助贫困学生的应急基金。但这一基金规定森严，受领者必须签订誓约，毕业后担任传教士，回中国传教。

平心而论，董事会给出的条件还是挺优厚的——既没有扣押毕业证，也没有要求用今后的工资还助学贷款。

考虑到容闳当时的处境，没钱，没工作技能，没有对口专业，谋生都是问题，而教会提供的条件能保证他有份体面的工作和不菲的收入，不光将来衣食无忧，还能拥有一定的社会地位。

但容闳最终拒绝了这份资助。

我特别反对把这种“拒绝”解读为清高或者是看不清现实情况，又或者是看不上这个机会。我更愿意把这次“拒绝”理解为：他的目标实在是太清晰了，一切与其方向不一致的选择都是没有意义的。

在美国读预科的这几年，他亲身体验到当时美国的朝气蓬勃、繁荣富强。他已经清晰地知道自己一生为之奋斗的目标是什么，那就是“教育救国”。他要让更多的中国人有机会到美国来接受教育。当一个国家的国民都是有知识、有文化、有理智、有道德的人时，这个国家怎么能不好？如果容闳以传教士的身份回国，那就不是宣传教育而是布道了，难不成他要培养一大批传教士去救国吗？

> 予虽贫，自由固所有。他日竟学，无论何业，将择其最有益于中国者为之……若限于一业，则范围甚狭，有用之身，必致无用……况志愿书一经签字，即动受拘束，将来虽有良好机会，可为中国谋福利者，亦必形格势禁，坐视失之乎？

他对董事会陈述说，他需要行动上的完全自由，以便利用一切机会为中国谋福利。传教士布道并非造福国家的唯一选择。这种性质的誓约，将会妨碍他利用中国所提供的条件去为中国服务。

他清楚地意识到“独立”的重要性，他需要一个自由开放的身份去和更多人接触，换取他们的帮助，共同完成“教育救国”的梦想。

后来，

在曾国藩看来，他是见多识广的得力干将。

在詹天佑、唐绍仪看来，他是通向新世界的领路人。

在谭嗣同、梁启超看来，他是社会改良者的精神导师。

身段可以柔软，身份可以多变，使命却始终如一。

理想太宏大，使命感太强，这就注定了他走的路会非常坎坷。他放弃教会的资助，决定自己靠勤工俭学支撑学业。在当时的条件下，这显然是一个妄念：没学历、没专业、没人脉，能找到什么样的工作支付高昂的学费?

多亏他的老师布朗先生积极奔走，在他收拾铺盖卷儿回国前帮他找到愿意出资的慈善机构，不然就没有后面的故事了。

有惊无险的故事往往既包含着偶然也包含着必然。容闳最终获得了慈善机构的资助是偶然，但是容闳内心对目标的执着笃定，似乎又必然使他成为那个值得被关注、值得被扶持的人。

扬帆

在耶鲁大学的那几年，容闳过得很是艰辛。

“他当时隐约感到还有其他事情正等着他去做，也知道自己做了一个将付出极高代价的决定。”他的朋友约瑟夫·特维切尔（Joseph Twichell）牧师于1878年4月10日在耶鲁大学法学院肯特俱乐部（Kent Club）发表演讲时说道，“他在整个求学期间一直在与贫困做斗争。”

我们可以看看大学期间的容闳有多忙碌。为了保证学业不落后，他一度天天学习到夜里12点。大学二年级时，他开始担任一个食品俱乐部的管理员，负责采购，也做食堂服务员的工作。同时，他担任了两年“兄弟联合会”（Brothers in Unity）的图书管理员，专管“兄弟联合会”的书。他还是两个俱乐部——一个辩论俱乐部和一个划船俱乐部的成员。

他一度是耶鲁大学的“局外人”。刚进入学校的时候，容闳还穿着长袍，拖着长辫。但很快，他就把这两样都扔掉了。这在当时的国人看来已经是最大逆不道的举动了。然而，这些举动在容闳这里显得格外自然。他很快就融入了学校，成了耶鲁大学的风云人物，多次荣登全校光荣榜。

据特维切尔牧师所说，容闳毕业是1854年耶鲁大学毕业典礼上的大事。很多人跑去耶鲁观礼，就是为了看看首位从耶鲁大学毕业的中国人。

按当时的美国法律，容闳已经足够有资格加入美国国籍。事实上，确实有很多人劝他留在美国。但他放弃了——在大学的最后一年，他“教育救国”的使命，已经在心中落定了。

他的同班同学卡罗尔·卡特勒（Carrol Cutler）回忆说，在一次散步长谈中，容闳就和他讨论过中国派遣留学生计划。

1854 年，容闳回到祖国。按常规推论，他应该会很快飞黄腾达，但迎接他的却是近十年的“流浪”。

他先后做过律师、海关职员、茶叶贩子。在律所，他因为反对行业潜规则而离开了。在海关，因为升迁无望，他又拂袖而去……他曾经创造了两年里 4 次失业的纪录。这份履历，就算在今天的年轻人眼里也是够厉害的了。

容闳一直未曾放弃自己的教育计划。他还试探过太平天国起义军，向其提出改革的建议，但都被忽视了……最后他全心全意投入从战地倒卖茶叶的冒险事业中，试图以此发家致富，来实现资助中国学生到海外留学的计划。

在其中很长一段时间里，他专心于翻译工作。他认为，翻译这样的自由职业虽然不赚钱，但能开辟一条可拓展的与中国知识分子和商业阶层结识的通道。这时候，他最关注的正是扩大交际圈。

他在自传中也感慨道：“予尝谓世上之事，殆如蛛网之牵丝，不能预定交友之中，究何人能解吾毕生之结。”意思是，在庞大的人际关系网络中，我们不可能知道朋友和熟人中的哪一位能解开我们的命运之绞。

翻译工作让他认识了很多当时的名流，其中就有李善兰。

今天有很多“廉价成功学”都会告诉你有梦就要去追，不要考虑任何代价，好像追了就能成功一样。其中经常被提及的是各种首富的例子：比尔·盖茨大学没读完就退学，巴菲特从小送报攒钱，终成一代巨富。

但大多数人都忽视了圈子对他们的巨大影响。

比尔·盖茨的妈妈玛丽·盖茨曾经是华盛顿大学校董事，还是第一洲际银行公司的首名女性主管。哈佛大学董事会成员中的很多人是盖茨家的常客。所以比尔·盖茨退学的时候，哈佛给出了非常好的条件：学籍还给他保留，如果创业没成功，他回哈佛还可以继续读书。甚至视窗（Windows）操作系统问世，第一个大客户 IBM（国际商业机器公司）也是玛丽·盖茨牵线谈成的，因为她担任过 IBM 的董事。

巴菲特确实出生在美国偏远的小城市奥马哈，但他从小送报纸不是因为他生活穷困，这对他来说仅仅是一种锻炼。其父霍华德·巴菲特是美国国会议员。当 8 岁的巴菲特提出想去看看纽约证券交易所的时候，投资银行高盛集团安排了一名董事亲自出来接待这个奥马哈来的“乡下小子”。

今天，当我们提到圈子的时候，很多人特别容易视之为“陋习”“潜规则”“权贵俱乐部”，这其实是一种偏见。中国老话说“物以类聚，人以群分”，圈子其实是一种共同使命、共同理想、共同价值观的外在表现。

我们不必刻意去混圈子，但圈子的认可是对你这个人的使命、愿景、价值观的认同，它能够帮你更好地对接人脉，找到挥洒才华的平台，使你能够完成自己的终极使命。圈内人的背书本身就是入场券。

我们回望1863年，“圈子”这种神奇的魔法也在容闳的身上发挥了一次点石成金的作用。

回国后的容闳虽然十年不得志，但是有一个圈子始终向他敞开着，那就是当时中国的“新学”圈子，或者叫“西学”圈子。

清末的上层社会里流行八个字：“帝师、王佐、鬼使、神差”，说的是四种在当时很吃香的职业。“鬼使”指的是跟洋鬼子打交道的人，在政界就是外交官，在士大夫里指的就是通晓“西学”的人。

容闳这种在“花旗国”生活过7年，能在中外语言间流利切换，见识过西方巨轮大厦、码头工厂的人才，就非常受知识名流圈子的待见。

李善兰本人也是个天纵奇才，用今天的话来说，他也是开了挂的人。他在那个年头提出“尖锥求积术”，已经有了初步的微积分思想。他曾翻译欧几里得的《几何原本》，也是近代中国传播哥白尼学说的第一人。当时李善兰正在帮曾国藩创设安庆军械所，他隔三岔五就在曾国藩面前提起容闳。

个人和圈子的关系其实是一种双向选择。一个人不在某一个圈子里，硬要挤进一个圈子，叫作攀附；一个圈子非要兜住一个人，叫拉拢。只有个人和圈子匹配，浪花站在潮头上，潮头捧起浪花，才能相互成就。

容闳对曾国藩仰慕已久，后来他在自传里少有地这么评价一个清末官员："曾文正……正直廉洁忠诚诸德，皆足为后人模范。故其身虽逝，而名足千古。其才大而谦，气宏而凝，可谓完全之真君子……"大意是，曾国藩为官清廉，留下了正直、忠义、廉洁的美誉，得到了世人的尊重。他才智超群，却为人谦虚，思想开放又谨慎稳重，是一位真正的君子。

正是凭着李善兰给的这张"入场券"，容闳见到了自己敬仰的大人物曾国藩。

两个人在 1863 年冬天见了两次面。这是十分经典的面试教材案例。

面试官曾国藩一向以"识人"闻名于史，他写过一本书叫《冰鉴》，讲的就是怎么识别人才、培育人才、选拔人才和驾驭人才。

曾国藩久居高位，又是从尸山血海里走出来的，一双三角眼如鹰一般。他与人初次相见时，先不说话，而是直勾勾地瞅着对方，瞅足半天。不是胆识过人的人，被瞅两眼就心虚气短了，甚至很多人不敢和他对视。曾国藩管这招叫"依其外貌，索其精神"，一双眼能勾魂，能穿魂，能读魂。

从 1854 年回国到 1863 年遇到曾国藩，容闳已经在国内摔打了近十年。一个人青春年少时满怀理想，一往无前，自然令人赞赏，但是只有经历了社会的无情毒打，依然可以做到既不忘使命，又学会妥协，才是真正的成熟。

这时候的容闳已经褪去了当年的青涩与年少轻狂，开始认真思考“个人理想”和“整体理想”的关系。

容闳的“个人理想”是教育救国。但在时代的需求面前，这只是容闳的个人理想，而不是以曾国藩为首的洋务派的“整体理想”，后者也没有义务放弃整体理想去迎合容闳的个人理想。唯一的办法就是先努力成全整体理想，再将个人理想植入，成为整体理想的一部分。

第一次面试时，容闳并没有做什么准备，还好过程只有半小时，相当于熟悉一下脸，客套一下，走走礼仪过场。要紧的是，容闳在这一次面试中态度真诚，对自己评价中肯，丝毫没有为了求职表现出什么都敢应承的样子。这让曾国藩很满意，由此才有了第二次真正的面试。

这一次，曾国藩抛出了一个问题：“当今天下，何者为要？”

这个问题初看漫不经心，大而空洞，其实，一个面试官的老辣都藏在里面。

我试着给大家分析一下。咱们首先得给这个问题加上主语，应该是：“当今天下，你认为何者为要？”但是，曾国藩考的仅仅是面试者的见识吗？我认为不是的，否则李善兰不会推荐，曾国藩也就不是那个“曾剃头”了。

他事实上问的是："麻烦你猜一猜，当今天下，我曾国藩认为何者为要？"

如果面试官是问面试者认为何者为要，每个人都可以有自己的看法，没有对错之分。可如果面试官让面试者判断面试官的想法，那就会出现确定的结果。

为什么回答这个问题如此重要？这又要回到我们前面讲的"圈子"了。"圈子"根本就不是圈子，圈子是共享使命、愿景和价值观的一群人所形成的团体。只有容闳能够猜中并理解曾老一生何为，曾老才能确认，他们是可以手挽着手往前走的同路人。

老辣的面试官这次迎来了一个有所准备且敏锐的面试者。

容闳面对这个问题时没有半刻迟疑，马上抛出了"实业救国"四个字，一下子击中了曾国藩。

曾老在读容闳，容闳也在读曾老。

在第一次简短见面之后，容闳就敏锐地发现了一个细节，他发现曾国藩的幕府里熙熙攘攘已经聚拢了一百多名"能人异士"，有数学家、机械师、物理学家、化学家。而这些人大多是容闳所在圈子里的人。所以在曾国藩第二次接见他之前，他们就帮助容闳做好了功课。

容闳回忆说："某夕诸友邀予晚餐，食际，即以此机器厂问题为谈论之资……盖诸友逆知总督第二次接见予时，必且垂询及此，故欲先知予之定见若何也。"大意是，在一次会餐中，当每个人说完自己的想法后，大家都想知道容闳的看法，并暗示容闳下次与总督会面时或许会谈到这一话题。

你看，圈子的重要性再一次凸显。凭自己的洞察力，加上朋友们的帮助，容闳迅速明白了曾国藩找他的用意——在中国建立西式机械厂。

于是，容闳告诉曾国藩：造枪造炮在西方工业体系中属于下游产业，并不是洋人最厉害的。洋人最厉害的是用机器造机器，这样可以覆盖所有产业，不仅可以造枪造炮，还可以造民用产品。另外，中国原料价格低廉，人工成本也低，在未来，他们不仅可以造出一个安庆军械所，还可以复制出无数个安庆军械所。

到这里，容闳已经不仅仅是在回答考官的问题了，面试者给出的解决方案已经超越了考官的认知和期待。

听完之后，曾国藩十分开心，他坦诚地说："此事予不甚了了，徐、华二君研此有素，若起先与二君详细讨论，后再妥筹办法可耳。"即这个问题远超他的知识范围，他让容闳去找徐寿、华蘅芳商量，他们是专家，然后再决定怎样做才是最佳的。

到这儿，咱们也可以停下来，细细品味一下容闳这个人物。

中国古人形容一个人不仅仅是聪明，还很有智慧时，提出了一条最重要的标准，叫作"知其先后"。一个人如果什么都知道，那叫作聪明。可是世间万事万物，只有在对的时间、对的地方以对的方式出现，我们才能说它是对的。比如在该鼓励别人的时候大加批评，就算道理上是对的，在做事方面也是错的；在该急流勇退的时候，非要逆流而上，虽然精神可嘉，却也可谓愚蠢至极。

容闳在 1863 年冬天迎来了人生的这次重大选择。此前他寻寻觅觅了近 10 年，也没有找到任何一个潮头可以容纳他这朵浪花。容闳想把毕生倾注在教育而不是一家又一家近代工厂上，在他眼中，人才是容纳民族希望的那个“器皿”。

曾国藩打造的这个圈子、平台和容闳的使命并不完全一致。可是，这却是一个跟他的心愿足够接近的平台。

“知其先后”说的就是对时机拿捏的分寸感：既然不能一蹴而就，他愿意“委屈”一下自己的心愿，愿意先去帮助他人实现心愿，而后实现自己的心愿。

于是他在曾国藩面前并没有侃侃而谈他的“教育伟业”，而是把关于机器厂的想法提到首位。这才有了两个人极为辉煌的合作，才有了当时中国最先进、最齐全、规模最大的“机器母厂”江南制造总局。

曾国藩对这次见面是十分满意的，他在 1863 年 12 月 3 日的日记里，专门记了一笔：“容纯甫……广东人，熟于外洋事，曾在花旗国寓居八年[①]，余请之至外洋购买制器之器……”

两个星期后，曾国藩一口气批给了容闳 6.5 万两白银的采购经费，用于建造江南制造总局，并全权委托容闳办理。

6.5 万两白银相当于今天的多少钱，学术界有不同的换算方

① 此处“八年”为曾国藩日记原文，实际上是 7 年。——编者注

法，我们大致取一个比较能接受的均值，一两白银相当于今天的1 000元，委托给容闳的这笔钱相当于6 500万元。

这里面还有一层常人会考量的细节，我认为也更见曾国藩的胆识。当时曾国藩还在担任两江总督，但因为他的功劳实在太大，清政府不可能让他长期在这个位置上盘踞。所以当容闳完成任务时，其成果很有可能会算在曾国藩的继任者头上，但是假如容闳卷款潜逃，后果却得曾国藩来承担，其一世英名可能就毁于此。

见了容闳两次就委以如此重托，也足见曾国藩看人的精准、用人的胆识。

容闳带着这笔钱遍访了法国、英国、美国的工厂，力求找出当时最先进的设备，最终选定了美国的工厂承接。1865年，全部设备造成，容闳带着设备回到上海工厂，一次性试车成功。

江南制造总局凝聚了那个时代全部精英的心血。经历了容闳、李鸿章、丁日昌三届改建扩建，到19世纪90年代，江南制造总局已经成为整个中国最先进、最齐全的机器工厂，真正的"万厂之厂""机器母厂"。

远航

此后，容闳虽然未向曾国藩提起他的教育计划，但他并未放弃，一有机会，他便向包括丁日昌在内的官员们鼓吹自己的想法。其间，他还翻译了《契约论》《格尔屯氏万国图志》的大部分内容，希望能够尽自己所能传播西方文化知识。

1870 年，随着江南制造总局生产状况的稳定，容闳完成了曾国藩的重托，“教育救国”的使命又重新回到容闳最重要的日程里。

他等待了 16 年之久的机会来了。

有一次，曾国藩视察工厂，容闳指着工厂里的洋技工跟曾国藩说，你看，那些洋技工，工资高，还有风险，不可靠，中国人应该培养自己的人才，彻底把制造能力本土化。曾国藩从谏如流，立刻同意在制造局内设立机械学校。

这一次教育计划的初步尝试让容闳备受鼓舞。这时候，他的老朋友、时任江苏巡抚的丁日昌告诉他：“彼当上之文相国，请其代奏。文祥……时方入相，权力甚伟也。”大概意思是，他和军机大臣文祥关系很好，他可以帮容闳把计划给文祥，借文祥的力量上奏朝廷。

经过多年官场历练，此时的容闳也学会了官场套路。他上书的条陈没有只写留学计划一条，而是一次性提出了四条建议。他还聪明地将“幼童海外留学计划”放到了第二条——一个似乎重要又似乎不那么重要的微妙位置。

这是中国古代谋士们惯用的一招。面对上级提出的问题，他们不会只提出一套方案，而是提出一个明显激进的方案，一个明显保守的方案，最后提出中庸的方案。因此，中庸的方案就显得特别合理，容易被采纳。

然而，文祥的离世使得容闳的计划又被搁置了。

直到“天津教案”事件爆发，留学计划才迎来了转机。借着担任翻译的机会，容闳再次向丁日昌提出教育计划。丁日昌与曾国藩召集了多位大臣私下对此进行会谈，最终决定联名上书，恳请清政府重启留学计划。

他们巧妙地利用了这次中外冲突，进言指出：症结源自民众对西方的无知，无知生猜忌，猜忌生谣言，谣言生冲突。根本办法还是启动留学计划，培养能同时理解东西方文化的人才，这样才能一劳永逸地消除此类问题。

知道联名上书这一消息时，容闳彻夜未眠，“……喜而不寐，竟夜开眼如夜鹰，觉此身飘飘然如凌云步虚……”。

1870 年，曾国藩带回皇帝的朱批，“普照所请”四个字赫然在目。也就是说，不仅他的幼童留美的提议通过了，其他三条提议也通过了。

在丁日昌和曾国藩的指导下，他们还采取了一个更老练的做法：请了一位不得志的守旧派官员担任主官。这样一来，守旧派官僚就不会太抵触这件事，而这个官员有差可当，也就成了“自己人”。真正的决定权恰恰在容闳手上。

容闳大喜过望，觉得自己当不当官根本不重要了。从 1854 年回国到 1870 年达成心愿，他已经为此奋斗了整整 16 年。

1872 年 8 月 11 日，第一批留美幼童（30 人）从上海出发，赶赴美国。为了让孩子们更好地适应美国的生活方式、理解异国文化，容闳安排他们寄宿在美国家庭，跟美国人同吃同住，而且将他们分散安排在不同的学校学习。这些孩子以惊人的速度融入了美国社会。他们当中的大多数人不仅在学校成绩优秀，而且在各种各样的活动中表现得活跃和耀眼。

这群留美的孩子回国后，在各自的领域里成了继续承担使命的“容闳”。

这里面有詹天佑，他和自己的同学加入了福建水师，在马尾海战中英勇作战，后来又主持设计和修建了京张铁路；有主持开采当时北方最重要煤矿开滦煤矿的工程师吴仰曾；有清华大学校长唐国安、北洋大学校长蔡绍基、清末交通总长梁敦彦、民国首任总理唐绍仪。可惜的是，幼童留美计划只持续了十年。

“幼童留美”中断数年后，在甲午海战中，一海之隔的日本用隆隆炮声让清政府认清了现实，清政府才又开启留学计划。然而，他们依旧没有改变短视的病根：他们不再选拔“不定性”的幼童，而是选拔20岁左右的、“更可靠”的年轻人去日本“速成”，归来后成为政府的“工具人”。

但历史吊诡之处常常就在这里。

按理说这些人三观已定，忠君之心难改，不料世界潮流更能洗涤人心。留日学生后来纷纷参加革命，成为主力，最终推翻了清王朝。清庭苦心孤诣想培养鹰犬，最后却培养了掘墓人。

晚年的容闳越来越看清了大清帝国的腐朽，他在自传里写下了自己深深的失望之感："……尊自太后，贱及胥吏，自上至下，无一不以贿赂造成。"

他提出过两个方案：建立中国国家银行，修建津镇铁路。然而，这些却都被盛宣怀半路截和，变成其个人财富和权势的杠杆。

容闳放弃了对原来清政府上层社会圈子的幻想，亮出了自己的底牌——"启发民智，呼吁变革"。这依然是"教育救国"使命的延伸，却更加直接地指向了核心问题。

他逐渐走向了"革命"这一条路。

在后来的戊戌变法中，容闳担当了精神领袖和导师的角色。他的寓所成为戊戌年主要改革者的会见场所，维新变法的许多主张也来自他的思想、观点和态度。变法失败后，容闳成了通缉犯。

此后余生，容闳始终在帮助各种反抗力量。他曾引荐康有为拜访美国总统西奥多·罗斯福，也制订过"红龙计划"全力帮助孙中山。

临终前，容闳叮嘱两个儿子回国效命。容闳的两个儿子都是耶鲁大学高才生，在美国已经有了体面的职业和丰厚的薪水，不愿意回国。容闳斥责道："吾费如许金钱，养成汝辈人才，原冀回报祖国，今不此之务，唯小人利喻，患得患失，殊费我所望于汝二人者。"

两个儿子感佩于父亲拳拳爱国之心，赶赴国内参加革命。

容闳一生都在放弃，一生也都在争取。

从耶鲁大学毕业后，他放弃了在美国的生活，回国争取为国效力的机会。初到国内，他放弃了当律师、当买办发财的机会，宁可贫穷，也要争取尊严。在将近十年的时间里，他都像孔子所说的“丧家之犬”，在自己的祖国成了游民。

结识曾国藩后，他暂时放弃了自己的理想，去争取一个长远的机会。戊戌变法后，他放弃了平稳的生活，宁可成为通缉犯，也要选择革命救国。

容闳的一生，无愧于“赤子”的称号。他的美国朋友约瑟夫·特维切尔牧师对他的评价是对他一生最好的概括：

> 他是一位爱国者，从头到脚，乃至身体内的每一个细胞都是爱国的。他热爱中国，并坚信它将会有灿烂辉煌的成就，以不负这壮丽山河和伟大历史。

容闳由广东出发，在美国成长，回中国历练，周游世界办厂，为了革命逃亡，一路辗转，用一生在努力完成“教育救国”的使命。

作为入海的第一滴水，他激起了更多浪花，同时他也留下了一个更艰难的命题给他的后继英豪：如果教育在短时间里救不了这个苦难深重的国家，更猛的一剂药到底是什么？

播种者梁启超

以今日之我战昔日之我

不惜以今日之我，

难昔日之我。

——梁启超《清代学术概论》

1926年，一则消息震惊了北京城。

有人在《晨报》[1]上发表文章，讨伐协和医院，说有个病人在协和，手术也动了，肾也割了，还在尿血。但医生就是找不到病因。这是拿病人当实验品还是标本呢？

文章言辞激烈，一刊登就引起了轰动，毕竟写文章的是徐志摩，那位病人则是赫赫有名的梁启超。

知道这件事后，一些维护中医的知识分子就开始猛烈攻击西医，以至于掀起了全国范围的中西医大讨论。一时间，协和医院成了批判西医的舆论旋涡中心。

随后，病人本人站了出来。

梁启超用英文写了一篇文章——《我的病与协和医院》，并翻译成中文发表在《晨报》上。文章大概的意思是：当时来看，动手术割肾是有必要的。他虽然还在尿血，但吃了协和医院医生开的药已经好很多了。

梁启超能在此时坚定不移地维护协和医院，维护西医，真的是非常难得了。

梁启超的态度很明确："我盼望社会上，别要借我这回病为口实，生出一种反动的怪论，为中国医学前途进步之障碍。"

要谈论中国近代史，梁启超始终是一个绕不开的名字——毕

---

① 《晨报》，民国报纸，初名为《晨钟报》，1916年8月15日创刊，抗日战争胜利前夕停刊。——编者注

竟是关键知识点，反复要考的。

梁启超在中国近代史舞台上的登场太耀眼了。那场著名的、失败的变法用他的名字命名，叫作“康梁变法”。在随后的几十年，直到离世，他始终活在社会热点里，几乎每件大事里都有他的身影。

要知道，在那些年的中国大地上，几乎每隔几年就会换一拨人。前浪还来不及冲到沙滩上，后浪就迫不及待地赶上来把前浪拍“死”了。同时代的风云人物康有为、袁世凯、杨度……很快被历史抛弃，唯有梁启超，前浪在的时候，他在浪尖上，后浪扑上来时，他居然还在浪尖上。

这就相当厉害了。

用郑振铎的话来说，康有为是块顽石，而梁启超则是流动的。

这句话，你可以理解为梁启超在政治上的“善变”，也可以理解为他在学术和思想上的与时俱进，不断自我革新。但现在看来，梁启超一生的底层逻辑始终没变——启发民智，传播新思想。

从政治边缘人开始

1895 年的梁启超，还只是个刚踏入社会的年轻人。多年后回顾这段历史时，梁启超说自己当时“人微言轻，莫之闻也”，他只是康有为的学生兼跟班。很多大事情，比如去紫禁城觐见皇帝建言献策，他还没有机会去做。

甲午战争失败后，国内掀起一股变法和学习西学的风潮。围绕这个主题，大大小小的圈子形成了。

只要是圈子，就会分远近亲疏。当时站在变法圈C位的是他们那些自认为开明的达官贵人。他们未必懂西学，但是他们位高权重，许多事情需要有他们的威望和权力才能执行。圈子的第二层是像康有为这样懂西学的，他们在圈内充当技术顾问和智囊。最边缘的就是梁启超这样的新人，他们才华横溢，但要想在这个圈子里出头，还有很长的路要走。

不管在哪个时代，一个人出头的标志就是进入某个圈子的核心，这对当时的梁启超来说比登天还难。京城本身就是大佬云集的地方，就连康有为也要卖“狂生”的“人设”才有一席之地，何况是初出茅庐的梁启超。

最好的办法，也是唯一的办法，就是在圈子里找准自己的位置，把这个位置做成组织的核心。

但是“钱多事少离家近，位高权重责任轻”的位置早就被人占了，论资排辈也轮不到梁启超。这也是每个时代初入社会的年轻人共同的命运：不管他们有多向往某个位置，他们也只能在别人挑剩下的位置中拼搏。

但是，在剩下的位置中如何挑选却很有讲究。

容易做的必定是不重要的，重要的事一定不容易做。但是只有做重要的事，人才会变得重要。那怎么判断什么东西是重要的呢？其实不外乎两个线索：一是组织急需，二是能接触很多人。

作为当时的新生事物，维新派迫切需要的就是支持，而要有人支持，首先就要被人理解。如果大家都不知道“维新”是什么意思，那他们拿什么支持你呢？当年的西学就像前几年流行的区块链，大家聊得热闹，真正懂的人却不多。

那怎样才能让人们真正了解“维新变法”的实质呢？毫无疑问，宣传阐释工作成了维新派的急需。于是康有为牵头先后发行了《万国公报》《中外纪闻》来宣传西学。

《万国公报》是双日刊，《中外纪闻》是日刊。出稿要快、质量要高、活儿累、责任重，一般人干不了，但这恰恰是年轻人最好的晋升阶梯。

梁启超便担任刊物主笔，开始了“日更”模式。左手读书，右手写文。文不加点，一挥而就。

事实证明，梁启超这次的定位非常准。在负责办报刊、写专栏的这个岗位上，他把自己读书快、写稿快的天赋发挥得淋漓尽致。在他的努力下，两份边缘报刊成了京城顶流，每期都能卖出3 000多份，覆盖北京的达官显贵。

梁启超牢牢地把握住了维新运动中最关键的位置——宣传阵地，快速积聚影响力，为维新运动打下了理论基础，获得了声援。更重要的是，他找到了自己的位置。

当然，结局你也能猜到。清王朝怎么能容忍这个异类存在？《中外纪闻》很快就被查封了，梁启超的努力一夜归零。

不过，正应了那句话："人不会白努力，走的每一步都算数。"你做的事情可能会被一夜归零，但是你做事的这个过程，很多有心人会默默地看在眼里。因为梁启超在北京的优秀表现，所以当汪康年开始筹备《时务报》时，他第一时间力邀梁启超一起创业。梁启超在短短数月间就把《时务报》办成了当时中国销量第一的大报。

从此，"播种者梁启超"横空出世，这也成了他一生的标签。

他在短时间内，将新思想引入国内，参与了"公车上书"事件。而在这个过程中，他的思想逐渐形成，最终成为维新派的重要角色、戊戌变法的主要发起者。

此后，他在政治上的"善变"一直为后人谈论。但在维新变法后的十几年里，他始终站在政治舞台的核心位置。在他之前，谁能想到以前打辅助的宣传口，竟有一天会成为社会变革的主力呢。

他先是跟着康有为搞变法。失败后流亡日本，又被孙中山说服，差点儿就要出任副会长。结果康有为把他一顿臭骂，他又乖乖回来，继续当保皇派。

后来他又提倡改良，致力于支持君主立宪制度。他还把成果免费共享，为袁世凯称帝建立了理论基础。

但这时候，他又转而支持共和，鼓动自己的学生蔡锷单挑袁世凯。最终，梁启超被袁世凯通缉，不得不再次逃亡。

袁世凯病逝，他又转向段祺瑞，说段祺瑞“宅心公正，持躬清直，维持危局，非彼莫属”，否则“大局将不可问”，并督促各方势力援助段祺瑞“统一”中国。

他先支持张勋，利用他的“辫子军”赶走黎元洪，然后又反过来讨伐张勋复辟清室的罪行……到孙中山发动护法战争，段祺瑞被迫辞职后，梁启超才算正式结束了他的从政生涯。

短短十几年，但凡有点儿大事，都有他推波助澜的身影。看上去，他似乎总是变来变去，没个准儿。然而，正是在这个过程中，他的政治思想逐渐趋于成熟，他和自己的老师康有为渐行渐远，最终公开决裂。

两个人互相对骂，梁启超让康有为退休回家享受，康有为宣布把梁启超逐出师门，大骂他是“枭獍”（吃父母肉的禽兽，比喻忘恩负义）。

政治先锋

梁启超似乎是一个没有原则的人，在政治上总是不停地倒戈。但是，他变的是手段和主张，而不变的是本质。正如他自己所说的，他的本质就是爱国。

他起初“保皇”是为了爱国，后来认为“保皇”不对，参加“革命”也是为了爱国。主张“君主立宪”，是因为他当时认为君主立宪制更适合这个国家。后来他发现不对，君主立宪制在中国行不通，转而主张民主共和，这都是在寻找解决国家问题的最好方案。坚守本质和目标不变，当某种手段和主张不合时宜的时候，不断地更换方式，这种“善变”，不是贬义的。

当我们总结他的政治思想时，还不得不感叹于他的远见卓识。

1912 年 2 月 12 日，清帝正式宣布退位。突然之间，天下共主不存在了，一切都变了。

源于对清政府的痛恨，以章太炎为首的一部分激进派主张建立一个纯粹的汉人政权。

这种想法在今天看来是非常荒唐的，在当时却有一定的市场。一些在当时号称“进步”的报纸也在持续发表相关的文章。是他们不爱国吗？是他们不想中国好吗？都不是。

在当时的中国，大家都是很迷茫的。当时，洋务运动搞了，失败了；君主立宪制尝试了，也失败了……就在许多路都走不通时，来自欧洲的一条理论咣咣地闯入中国人的视线：民族建国主义。

这种理论声称：只有单一民族的国家才有凝聚力，有凝聚力的国家才能强大稳固。那什么才算得上单一民族呢？西方学者抛出了 8 个标准：同地域、同血统、同面貌、同语言、同文字、同宗教、同风俗、同生计。凡是不符合这 8 个标准的，都算是异民族，应该被排除在外。如果将各民族强行整合，它们也会因为各种不同导致摩擦不断，最终分崩离析。

激进的革命派一拍大腿：太对了！中国不强大就是因为凝聚力太弱。如果疆域内只有一个民族，凝聚力能不强吗？

隔壁的日本也一拍大腿：中国能这样想太好了！日本早已帮中国想好了方案，“中国七块论”，收好不谢。

“中华民族到了最危险的时候。”纵观中国上下五千年，能符合这个判断的，肯定包括这一历史时期了。如果任由这种思潮蔓延，那我们今天恐怕会看到一个四分五裂、麻烦不断的中国。看看现在占据世界热点的那些国家，它们的人民真的因为单一民族独立过上了好日子吗？这时候，清政府的反应倒是显出了其被贬斥为腐朽没落的王朝后突如其来的头脑清醒。《清帝退位诏书》里有极其关键的一句：“仍合满、汉、蒙、回、藏五族完全领土为一大中华民国。”

意思很明确：大家都别慌，就是领导换了，摊子还没散，以后这块地方改名叫“中华民国”了。

孙中山等一批革命党也很快意识到不妥，在《中华民国临时约法》里补了一句：“合汉、满、蒙、回、藏诸族为一人。”

这就是所谓的“五族共和”。

但这并没有消除人们，尤其是少数民族的疑惑。他们担心，如果日后的新政府是信奉“单一民族”的，他们要怎么自处？到底大家还是不是同一个国家的人？思想上的混乱必然会带来行动上的混乱。蒙古和西藏已经出现了骚动。历史已经证明，国家和民族的分裂必然会带来冲突，这对每个民族来说都是一场灾难。

我国是个盛产英雄的国家。每次到了国家岌岌可危的时刻，总会有英雄站出来力挽狂澜，让中华文明薪火相传。

梁启超就是这样的英雄。

就在“单一民族国家”理论甚嚣尘上时，一直被人视为“善变者”的梁启超坚定地站了出来，和激进的革命派开始了论战，他几乎是逐条驳斥了西方民族论的 8 个标准。

你说同血统？中国各个民族早就在几千年的相互交融中血脉相连，荣辱与共，不可分割。你怎么区分血统？

你说同地域？中国境内各个民族散布在全国各地，地域上怎么分割？一个完全不符合中国实际情况的理论，为什么要信奉？

有破，更要有立。在反驳之后，梁启超顺势提出“大民族”概念：“所谓大民族，就是整合国内各个部族为一个大民族，以区别于国外。”梁启超说的“大民族”，就是“中华民族”。

今天咱们看到这四个字，千万不要以为这就只是个好名字而已，这其实是在给全中国各派势力提供一个难得的共识。

激进的革命派不是信奉“一个民族一个国家”的理论吗？现在国内众多民族同属一个民族了，叫作“中华民族”。各个民族对外有了共同的身份，对内依然可以保留原来的风俗习惯和宗教信仰。

世界上的许多难题，说到底不过是“我的想法”和“你的想法”的冲突。革命派也好，众多民族也好，都希望看到一个统一富强的国家，两边的目标没有根本性的冲突。但是没有人会真心觉得自己的方式比别人的差，那么到底听谁的就成了冲突的焦点。这时候需要的不是打一架，看谁厉害，或是有人受伤退出，而是有人能协调双方的利益，为大家找到共同的出路。

历史没有辜负梁启超的苦心。“中华民族”这颗种子扎下根后，就迅速茁壮成长。它超越了宗教，超越了地域，超越了党派，超越了血缘，超越了民族，成为全体中国人的共识。无论后来发生怎样的动荡，“中华民族”这一理念再也没有被动摇过。

学术大V

今天我们看梁启超，会惊叹于他的跨界之多，也会钦佩他一生超过 1 400 万字的写作成果。

从维新运动开始，梁启超几乎是走到哪里，报纸就办到哪里。对于写文章这种事，他甚至可以一边打麻将一边口述，文章照样精彩绝伦。

袁世凯曾经极度瞧不起梁启超，说他“会说会写会饮酒会骂人，如此而已”。

他认为梁启超只是自己称帝的一个工具、一个幕僚，他根本无法理解，思想的革命乃是一个民族乃至一个国家根本性的革命。据统计，梁启超一生办过的报刊不下 15 种，传播的新思想理念超过 60 种。今天我们熟知的许多西方哲学、科技、政治思想，梁启超都是第一批传播者。

1896 年，《时务报》一跃成为全国第一大报。梁启超本人写了一篇万字雄文《变法通议》，该文一经刊出，一夜之间刷遍整个中国知识界。而那篇文章几乎就奠定了梁启超自带流量的顶级大 V 的地位，一夜之间名满天下。

梁启超的粉丝主要是士绅阶层。所谓士绅，用今天的话来说，就是地方上威望很高的土豪。他们在地方上说话有威望，掌握了话语权，这就叫“绅权”。

中国古代政权是由皇权和绅权共同组成的。在梁启超看来，地方士绅才是国家的主干，只要打动这个群体，“大事可成”。《时务报》最积极、最忠实的粉丝正是来自这个群体。其中最突出的是张之洞。他身兼官员和士绅领袖两重身份，在湖北省，他一人就为《时务报》“带货”2 000 多份，还主持设立了数百个发行点。在他的带动之下，其他省份也闻风而动，连云、贵、川的边远山区都建立了发行点。就连最遥远的黑龙江，每期都能完成 20 份的销量。

鼎盛时期，连东南亚和日本华侨都在《时务报》的覆盖范围之内。梁启超对此颇为得意：“甲午挫后，《时务报》起，一时风靡海内，数月之间，销行至万余份，为中国有报以来所未有，举国趋之，如饮狂泉。”

当然，这里的“举国”，也只是梁启超眼中的“举国”。就好像今天人们习惯了用淘宝、天猫、京东，以为它们就是全国市场了。结果等到拼多多出现，人们才知道在“互联网移民”和“互联网原住民”之外，还有一个如此巨大的市场。在《时务报》的鼎盛时期，它的单期发行量也只有1.8万份左右。这已经是当时的顶流，却跟最广大的人民群众并没有关系。

所以，梁启超的“举国”，相比当时全中国四万万同胞，体量实在太小。

从欧洲回来后，梁启超发表了自己的欧洲游记——《欧游心影录》，这本书是他人生中一个重要的转折点。从头到尾，他完全抛弃了自己创造的新文体，改用白话文。他对西方的态度，也因为自己在欧洲的见闻而发生了巨大的改变。

胡适评价说：“梁任公也是不甘心落伍的；但任公这几年来颇能努力跟着一班少年人向前跑。他的脚力也许有时差跌，但他的兴致是可爱的。”

然而，五四运动宣告了新时代的来临，这个时代呼风唤雨的主角已经被陈独秀、胡适、钱玄同、鲁迅、李大钊等新一代知识精英取而代之。在当时新一代知识精英的心里，梁启超只是一位可以聊聊，但不必与其太认真交往的保守派。

退出政治舞台后，梁启超致力于对年轻人的教育。他和蒋百里等人一起，开始忙碌于办学讲学、著书立说、出版刊物……他重新整理了自己关于东西方世界的观点，明确提出了“培养新人才，宣传新文化，开拓新政治”的主张。

作为一个教育家，梁启超在晚年影响了很多人。他家里总是不缺来拜访的年轻人。他在清华国学院的很多学生，后来都成了一代国学大师。

他的学生梁实秋曾经回忆他讲课的场景：讲到高兴处，手舞足蹈，有时掩面，有时顿足，有时狂笑，有时叹息。讲起《桃花扇》，他痛哭流涕不能自已；讲起杜甫，他又在涕泗交流中张口大笑起来。

然而，那期间，还有几个更重要的人——梁启超的子女——一直陪伴在他左右。

开明的教育家

对子女的教育，往往最能淋漓尽致地展现一个人的思想。

现在大量的中产阶级家庭都对子女教育问题一筹莫展，各种喊冤诉苦，似乎孩子的教育一旦失败，将会成为家庭无法承受的痛苦。如果在今天，梁启超写篇育儿文章，随便晒晒自己子女的履历，都会让很多父母眼红不已。

1948 年 4 月 1 日，国立中央研究院第一届院士评选揭晓，81 人当选。其中人文组的 28 人中，有兄弟两人同列榜上。

1993年，在中国科学院院士评选中，他们的一位弟弟又名列其中，当选院士。

这三个院士是梁思成、梁思永、梁思礼。而他们的父亲，正是梁启超。

除了这三兄弟，梁启超的其他几个孩子也个个出色，在各自的领域获得了卓越的成就。

一门三院士，父子十国士。这恐怕是中国近代绝无仅有的荣耀了。

梁启超一生致力于启发民智，他在家里又是怎样施行教育的呢？

他的子女们很少谈论自己的父亲。在偶尔的言辞中，我们可以窥见一些梁启超对自己儿女的教育方式。

据梁思成说，梁启超爱喝酒。每天晚饭后，孩子们都围坐在一个小圆桌旁。梁启超一边喝酒一边给他们讲故事。而他讲的并非什么大道理，多半是古代民族英雄的故事。

每一次他出外游历，总是会把孩子们带在身边。梁启超学识渊博，乐观风趣，非常强调生活趣味。为了好玩，他曾经创造“三人麻将”“五人麻将”的打法。哪怕是在逃亡的时候，他也有闲情逸致去游玩。而梁思成也是在和他一起去参观日本建筑的时候，对建筑之美有了深刻的印象。

他外出演讲时，回到清华大学授课时，总是有孩子在身边。

梁实秋就记得，梁启超在清华大学的讲台上又哭又笑时，总是会叫："思成，快来擦黑板！"于是梁思成就跳出来，冲上去给他把黑板擦干净。

他对自己孩子的要求自然是严格的，但他并不强迫他们听从自己的观点。他善于引导孩子们培养对知识的兴趣，十分尊重他们的个性和意愿。针对不同孩子的爱好和特点，他因材施教。像大多数父母那样，他恨不得将孩子们的前途都安排好，但他却并不强求他们非得按照自己安排的路径走下去，而是会与孩子们反复交流，倾听孩子们的想法。

梁启超是一个相当开明的父亲。梁思成与林徽因一同留学，梁启超写信提醒他们，最好还是不要同居，也不要太早结婚。

这种教育理念在现在也是非常先进的了。

梁启超作为"引入西方文化第一人"，介绍了那么多西方思想典籍，但他却并没有纯粹地给孩子们灌输西方观念，只是努力培养孩子们阅读的习惯。

在今天有《梁启超家书》传世，这 400 多封信都是他给他的孩子们写的，我们可以从中找到很多他督促儿女读书的记录。

他交代思成、思永两兄弟："在院中读《论语》《孟子》《资治通鉴》，利用这时候多读点中国书也很好。""吾欲汝以在院两月中取《论语》《孟子》，次则将《左传》《战国策》全部浏览一遍。"

对长女思顺，梁启超也是一再叮嘱并有意培养："大版《通鉴》不须汝索，已嘱擎一购寄，非久或将寄至矣。"

他不是要求孩子们对这些书做一般浏览，而是要求他们熟读古籍。

“温习谙诵，务能略举其辞，尤于其中有益修身之文句，细加玩味。”

在梁思成留学的那段时间，梁启超寄给他好几本讲述中国建筑的书，提醒他别忘记中国文化之美。

如果从今天的现实倒回去想，我们就能明白：梁启超是在为儿女塑造身份认同。让他们时刻记住：自己是中国人，自己的根在中国。

为什么身份认同这么重要？因为身份认同的本质就是在回答“我是谁”这个问题。只有明确了“我是谁”，“我”所做的一切才有意义。而当我们面临多重身份选择时，“我是谁”还能决定价值排序。

在外，梁启超为中国人打造了“中华民族”这一共同身份并被大家普遍接受之后，中国人已经认同了“国家利益至上”的理念。在内，他更是向自己的孩子反复强调这一身份认同，而这一点正是通过阅读完成的。

人只能活一次，但书可以让你活很多次，也能塑造你很多次。最终，你会完成对人格的固化，对身份的认同。当你未来接受另一种文化时，如果并行不悖，你就可以轻松地接受，让它成为自己的一部分。

就像美国汉学家费正清所说：“在我历来所结识的人士中，

他们（梁思成、林徽因）最具有深厚的双重文化修养。因为他们不仅受过正统的中国古典文化教育，而且在欧洲和美国进行过深入的学习和广泛的旅行。这使他们得以在学贯中西的基础上形成自己的审美兴趣和标准。”

当两种文化发生冲突，无法做出两全选择时，他们能清醒地知道该选择谁。

1949 年，梁思礼获美国辛辛那提大学博士学位。当听到新中国成立的消息时，他用旧床单制作了一面国旗以示庆贺，并急切要求回国。而他的一位同学因为种种原因选择了留美。

1956 年，那位同学成为波音公司的高级研究专家、首席动力专家、民兵导弹的总工程师。

就在同一年，梁思礼担任国防部自动控制研究室主任，是钱学森院长手下十大室主任之一。经过数年蛰伏，1964 年，一枚中国自行研制的远程地对地导弹实验成功。其中，控制系统的负责人之一正是梁思礼。

这枚导弹，被命名为“东风”。

在这里，请大家注意一个细节：梁思礼是梁启超最小的孩子。梁启超病逝时，梁思礼年仅 4 岁，他甚至还不懂得什么叫“逝世”，以为父亲在睡觉，试图去喊醒父亲吃饭。

可以说梁启超没有直接教育过梁思礼，但他却用自己一手塑造的家风让梁思礼知道自己是谁，自己的根在哪里。人生会面临许多岔路口，一念之差会导致结果千差万别。而让人在岔路口义无反顾做出选择的，正是自幼培养的身份认同。

2006 年，梁思礼在《一个火箭设计师的故事》中说：

“我在美国有一个好朋友。当年我们在美国留学。我回国了，他留在了美国。他是波音公司的首席科学家，搞的是美国的洲际导弹（民兵导弹）。我搞的是中国洲际导弹（东风导弹）。他的年薪是 30 万美元（20 世纪 80 年代），我的工资只有他的百分之一。他住在西雅图一个小岛上的高级别墅里，我住在很普通的单元房子里。有人曾问我对此有何想法，我的回答是，他干的导弹是瞄准中国的，我干的导弹是保卫我们祖国的！”

如果梁启超在天有灵，应该会非常欣慰。因为当年他亲手塑造的理念“中华民族”，已经深深地扎根在孩子们的心中。

作为继容闳之后的又一朵浪花，梁启超不断地突破自己、超越自己。在他于 1921 年出版的《清代学术概论》中，他超然地审视自己，得出“不惜以今日之我，难昔日之我”的结论。现在看来，这是一种超越时代、与时俱进的态度。

他不断引进西方的文明成果，极大地拓宽了中国人看世界的视野。哪怕在质疑西方文明与道德的后期，他也倡导民众能以科学的态度去看待西医，维护医学的进步。在他的倡导下，“开启民智”已蔚然成风。

他非常出色地完成了自己的历史使命。

但是他也留下了许多遗憾。他的影响力始终没能突破知识分子的圈层，没能让体量更大的民众觉醒。这个遗憾，只能留给后来人弥补了。

那么为他接力的，会是谁呢？

蹈海而去陈天华

被自卑“绑架”的一生

与其死于十年之后，

曷若于今日死之。

——陈天华《绝命辞》

1906年5月29日，在湖南长沙，一个自发组织的送葬队伍正浩浩荡荡绕着长沙市向岳麓山行进。

队伍由长沙约一万名学生及各界人士组成。他们不顾清政府的禁令，抬着灵柩，身着白衣，举着挽联，唱着挽歌，气氛既悲痛又庄严。有人描述了当时的情景："自长沙城中望之，全山为之缟素……军警站立一旁，亦为之感动，不加干涉。"

同盟会湖南分会会长禹之谟走在最前面。他身着白衣，举着挽联，头戴拿破仑帽，腰间束一条皮带，挂一把日本长刀。

他的儿子站在大西门城墙上观看了整个送葬的过程。

"今天的事，你们都看到了吧？这两个人就是想着宁为国民死而死去的。他们不愿意看到国家的沉沦，等着做牛马奴隶，宁愿以死来震惊国民，所以应该受到崇敬。我们不顾艰难险阻，发动各界营葬，就是这个意思，无非要使大家懂得爱国。"葬礼结束后，禹之谟对自己的儿子说。

他所说的"这两个人"，一位是陈天华，一位是继他之后同样蹈水而去的姚宏业。

后来，毛泽东在《湘江评论》中评价陈天华"感愤国家的危亡，蹈海而死"，是"惊天动地可纪的一桩事"。

这次葬礼是同盟会成立后国内最早的有影响的学生运动。秋瑾、鲁迅及12年后同样赴日本留学的周恩来，都深受陈天华的感召。

陈天华用自己的生命，向国人敲响了"中华民族到了最危险的时候”的警世钟。

而那年，他仅仅 30 岁。

天才少年苦中生

陈天华出生的时候，正值国家多难，家道多艰。

他出生于湖南省娄底市新化县。其父是位乡村私塾先生，平时还给乡里乡亲写写状子、打打官司。用今天的话讲，他就是个兼职律师。

这位兼职律师为人热情、刚正不阿，好打抱不平。陈天华曾为自己的父亲写了一篇简短的传记，记录了父亲为帮助邻居舍掉了半年薪水的故事。他的三个孩子各有各的不幸：第一个孩子先天残疾，生活不能自理；第二个孩子出生不久就夭折了；第三个孩子陈天华健康出生，之后却染上了天花。虽然捡回一条命，但他脸上还是留下了一大片的瘢痕，并且他有口吃——这些缺憾，成了陈天华一生的心病。

在这种情况下，但凡陈天华的父亲稍微机灵点儿，他们家的日子至少还能过得去。但这位兼职律师却偏偏正义感特别强。在陈天华 5 岁的时候，他的父亲因在一次官司中打抱不平，得罪了当地一个土豪，不仅丢掉了兼职律师这份工作，连私塾的工作也丢了。

母亲病逝，父亲丢了工作，家里还有一个残疾的哥哥——按现在的标准，陈天华这样的家庭就是典型的低保户，他们家这种情况只能用勉强维持生计来形容。

父亲失业后，陈天华辍学了。

他本来一直在父亲工作的私塾蹭学上，但现在为了家里每天的生活费，陈天华只能开始挎只篮子四处卖糖果。然而他的糖果生意赚不到什么钱——倒不是因为卖糖果生意太差，而是陈天华实在是没有专心做这个买卖。

就像许多贫穷家庭的天才孩子一样，陈天华偏偏对学习分外有热情。在走街串巷卖糖果时，他总是会带着《三国演义》这类小说看。他特别爱听说唱、评书里讲的那些传奇故事，其中忠君爱国、惩恶扬善的桥段，他简直倒背如流。可惜，乡亲们却没有因此而感动，反而经常趁他看书或听故事的时候偷拿他的糖果吃。而陈天华则沉迷于故事，也不知道跟人家收钱。

他这爱学习的劲头打动了和他家隔一条河的一位同族人。这位好心人看他天资聪颖，于是让他一边帮忙放牛，一边找自己学习。陈天华这才算是真正接受了启蒙教育。

陈天华的天赋很快就显露出来。9 岁的时候，他模仿评书的文体，写了一些通俗小说和山歌小调——这些山歌小调中已经隐隐有《猛回头》和《警世钟》的风格了。他的这些作品很快就流传开来，他也被冠以“神童”的名号。

少年陈天华相当愤世嫉俗。

每次听到有人赞颂晚清的名臣时，他都会露出鄙夷的神情。

但他对故事里那些民族英雄和参与农民起义的领袖十分欣赏。16岁时，为了抒发自己的志向，他曾在一座路亭的柱子上写了一副对联："莫谓草庐无俊杰，须知山泽起英雄。"

如果按照这个逻辑走下去，陈天华最多只会成长为乡间读过点儿书的狂生，变成乡亲们茶余饭后的谈资。

但人的际遇就是这么神奇。20岁的时候，陈天华随父亲一起搬到新化县城，寄宿在湖南新化县城最有名的资江书院。

陈天华家还是很穷困，因此，他一边继续做点儿小买卖，一边三天两头溜进书院旁听。听完课，这位旁听生还会认真写作业、交作业。当时的资江书院院长在批阅学生作文的时候，发现了陈天华的文章，大为欣赏，破例允许陈天华借阅书院藏书。据说，陈天华只用了半年便读完了《二十四史》。

院长当时非常震惊，找到陈天华已经富裕起来的同族人，向他介绍陈天华这位天才说，他们族里出了个奇人，他应当周济周济。这位富绅听完院长的介绍，当即决定资助陈天华上学，每月供他三斗米、一串钱。

自此，陈天华再也不必为生计发愁。他正式就读资江书院，全身心投入学习，一路开挂。

学霸诞生，一路开挂

就在陈天华孜孜苦读时，湖南维新运动进入高潮。

当时谭嗣同到长沙主持新政，联络地方各大族长，出版报纸，办时务学堂，地方风气为之一新。尤其是1897年10月时务学堂的开办，聚拢了不少一代英杰，比如梁启超、唐才常等人。他们在学生中宣扬进步思想，让其他地方羡慕不已。

时务学堂刚创立，陈天华就因为优异的成绩被录取为外课生。此时，他已不再满足于学习经学子学，开始潜心钻研西方新学，很快就成了外课生中的尖子生。

此后，他先后凭借优异的成绩到新化实验学堂、长沙岳麓书院、求实书院（今湖南大学）进行深造，成绩始终名列前茅，直到最后获得官府保送，留学日本。

此时，陈天华仅28岁。

简单算一算，从开始接受正规教育到官派留学，陈天华只用了8年，可谓“学霸中的学霸”。

9岁就能编受欢迎的故事、山歌，陈天华当然是“神童”。但自古以来，“神童”层出不穷，成才的却没几个。一旦获得机会就认真刻苦地发奋学习，才是“天才”最终成为天才的原因。

陈天华起初努力学习的原因，可能只是为了求个前途——他也曾循例参加乡试，考卷还被推荐了。

但是后来，他的思想发生了变化。如果说他小时候听到的传奇故事中那些忠君爱国、惩恶扬善的情节塑造了他最初的人生观，那么此时的进步思想则塑造了陈天华救国救民的远大理想。

梁启超在《戊戌政变记》中这样描述受维新运动影响的年轻

一代："湖南民智骤开，士气大昌，人人皆能言政治之公理，以爱国相砥砺，以救亡为己任，其英俊沉毅之才，遍地皆是。"

陈天华的好友记得，就读新化实验学堂时，陈天华"拾阅新学中书报残纸，慨然欲任天下事"。他常常与同学讨论关于民主、自由、平等的政治学说，见解颇为新颖，受到当时主流进步人士圈子的赏识。

陈天华不仅跟人讨论新学说，还和同学一起宣传进步思想，并采取行动去推进。有一次，陈天华在《湘报》上发表文章，历数女子裹脚的种种弊端，要求政府出面禁止女子裹脚，废除愚昧的旧习俗。当时的新化知县接受了他的倡议，正式成立了"新化天足会"——就算在当时受进步思想影响最大的湖南，这也是很先锋的行动了。

这是陈天华第一次公开发出自己的声音，也是他第一次意识到自己的文章所蕴含的影响力，他也因此成了当时小有名气的才子。

才子当然要配佳人。那时在湖南积极推进新式教育的巡抚赵尔巽非常欣赏他，一心想把女儿嫁给他。寒门士子以才学惊动世人，得高官赏识，迎娶富家千金，一夜走上人生巅峰。换作他人，无论从哪方面讲，这都是一件天大的喜事。但是陈天华不一样，他回答说："国不安，吾不娶！"

这意思是，他将自己的前途与国家的命运紧紧绑在了一起。

但赵巡抚还没有死心，就又跟他说不要着急，他也不是逼他们立马就成亲，可以等陈天华稳定后再说，再过几年他们再谈婚嫁的事情。陈天华回答说，只要赵家千金等得起，他无所谓。这时赵夫人非常殷切地追问他要他们等到什么时候。陈天华居然回答赵夫人说，等到天华元年。

他对清朝的巡抚大人说“元年”，这不是要造反吗？所幸，赵巡抚特别惜才，也特别赏识他，没跟他计较。陈天华一生中，不止一次拒婚。他在日本留学期间，也曾有日本姑娘委婉对其表达爱意，也被他明确拒绝。这一切，源自他对国家民族极强的责任感和使命感，更源自他极其复杂且矛盾的性格——他总是态度很激烈，内心却很敏感。

这中国，哪一点，我还有份？

1903 年，陈天华以优异的成绩获得公派资格赴日留学。

3 月 22 日夜，陈天华从上海出发，乘“博爱丸号”轮船东渡。同船的大多是他在岳麓书院的同学和好友。27 日抵东京后，陈天华他们很快就进入东京弘文学院，为上大学做准备。

弘文学院成立于 1902 年，专对中国留学生进行初级的语言及各学科教育。学生毕业后可升入日本的大学或专门学校。这所学校在中国近代历史中地位显赫，稍微了解一下陈天华的校友，我们就能知道这所学校有多重要了。

鲁迅从这所学校毕业之后进入了仙台医学专门学校学习医

学，遇到了藤野先生。杨度，君主立宪制的忠实拥护者，并且号称立宪专家，回国后成了袁世凯的幕僚。革命大佬黄兴、国民党大佬胡汉民等也在该校完成了学业。和陈天华同船去日本的好友杨昌济，后来成了著名的教育家。杨昌济有一个女儿，叫杨开慧。他还有一个学生，叫毛润之。

当时获得公派留学机会的都是各省选出来的精英，换在今天，不是“985”就是“211”。陈天华能在他们当中，也足以证明他的能力了。

但在日本，陈天华似乎不但没有延续这种学业上的优秀能力，还陷入很长时间的危机中。

今天我们都知道，到异国他乡求学，第一个要过的就是语言关，之后才能进入真正的学习阶段。因此，在弘文学院，中国留学生的主要功课是学习日语。

和陈天华同时入学的同学们很快就学会了一口流利的日语。但陈天华有口吃的毛病，这门语言关过得尤为艰难。他的同学回忆说，陈天华到日本半年后，“还是不能说一句倭话”。事实上，他直到离世，也没有学会这门语言。即便是在酒宴上，他也只会说一句“干杯”。

这对于一直名列前茅的学霸陈天华来说，无疑是一次巨大的打击。1903 年 4 月入学，8 月后他就不大出现在学校里了。就算在这 4 个月里，陈天华缺课的情况也挺严重的，他甚至连考试都不参加。

不上课，不考试，不拼命克服语言这一关，他到底干什么去了呢？

他参加“拒俄义勇队”去了。

虽说没学会日语对于陈天华来说是一次巨大的打击，但是他很快就在革命中找到了自己的位置——到日本后不久，陈天华就走上了革命的道路，从一个建设者变成了颠覆者。

早在 1900 年，中国义和团运动席卷整个东三省时，沙俄借口“保护中东铁路”，出兵 18 万占领东北。但是三年过去了，沙俄不但没有撤兵，反而向清政府提出“七项要求”，打算永远占领东三省。其中，最无理的要求是“如果中国任命外国人主持行政机构，要交给俄国人管理；由俄国人管理东北、蒙古、新疆的关税”①。

哪个中国人受得了这个要求？

面对沙俄的蛮横和清朝的软弱，在日本的学生们义愤填膺，组织编练“拒俄义勇队”，准备回国参战。陈天华和黄兴都签名加入了义勇队。陈天华自己在《复湖南同学诸君书》中说，他的动机是“华等以瓜分祸迫，拟以血肉之躯，亲御强俄，为国民倡”，“弟签名时，已置生死于度外”。

陈天华觉得光签名还不够，他又编列了义勇队，带着这些留

① 1903 年 4 月，俄国撕毁中俄《东三省交收条约》，并提出七项无理要求，中国人民为此集会、游行、通电，表示反对，拒俄运动爆发。此引用即为“七项要求”中的内容。——编者注

学生天天进行军事操练，期待着有一天能够回国参加战斗。

但是他的这些努力不但没有得到清政府的支持，还遭到了朝廷的镇压。清政府对于留学生活动的解读是“名拒俄国，实则革命”。下令各州府“已奔赴内地者，务必命令州县严密查拿”。

“拒俄义勇队”成立不到一周，就被责令停止活动。随后，驻日公使还请日本政府出面干预，解散了学生军。

陈天华、黄兴等人并未因此被挫败，而是决定将宗旨由原先的“实行爱国主义”改为武力反清，“实行民族主义”，打算回国组织革命。5 月 31 日，黄兴就退学起程归国，但陈天华却“徒以川资无出”，没能成行。

学习么，学习落后了；爱国么，被清政府解散了；革命么，连回国的钱都没有，陈天华此时苦闷至极。

正是在这样的背景之下，他不仅坚持在报纸上发表文章，号召大家起来搞革命，还写下了那两本传世之作——《警世钟》《猛回头》。这两本书并不厚，只是两本小册子，而且通篇采用他童年时学会的说唱体书写，就当时来说，尤为新颖，情感激昂有力，又朗朗上口、通俗易懂。

> 俄罗斯，自北方，包我三面；英吉利，假通商，毒计中藏；法兰西，占广州，窥伺黔桂；德意志，胶州领，虎视东方；新日本，取台湾，再图福建；美利坚，也想要，割土分疆。这中国，哪一点，我还有份？这朝廷，原是个，名存

实亡。

《猛回头》在东京初版5 000部，一出版就被买光了。《警世钟》的销售情况也差不多。当时的报刊介绍：“是书以弹词写述异族欺凌之惨剧，唤醒国民迷梦，提倡独立精神，一字一泪，一语一血，诚普渡世人之宝筏也。”

在写这两本小册子的过程当中，陈天华本人的思想也发生了巨大的变化，从最开始仅仅是抗俄拒俄，慢慢转变为有了反清抗清的革命思想。

还没等到他回去亲自搞革命，整个东北已经岌岌可危了。1903年10月，沙俄继续向东北增兵。陈天华更加坐立不安，他开始号召在日本的中国留学生总会的那些同学，不要读书了，回国去保东北。但是响应他的人不多。有很多同学跟他说，他们回去也帮不上什么忙，还不如好好读书，把书读完了再回去。

陈天华痛斥这帮留学生，等读完书，快要三五年，慢要六七年，六七年之后再回到中国去干什么？去开追悼会吗？

看看，不到一年的时间，他就从一个官派留学生迅速成长为一个言辞激烈、态度激进的革命宣传家，他开始变得越来越锋芒毕露。

鉴于各国新闻报道瓜分中国之事，国势愈加衰落，陈天华感觉报国无门，竟咬破自己的手指写下血书，号召他湖南的那些老乡参加抗俄拒俄运动，“要求湘人预备死战”。据说，当时陈天华的血书一连写了几十张，最后他因为流血过多而昏厥，昏厥之前仍然在呐喊着：“救国！救国！”等到别人将他救醒之后，他做的第一件事情就是将这些血书寄回国内。

1903 年年底，陈天华实践了自己在《复湖南同学诸君书》中“倘有机会，仍当归梓”的承诺，他离开了东京，回到湖南准备发起武装革命。他信心满满，觉得时机成熟了，革命的成功就在眼前。

此时，离他生命的终结只剩下两年。

事不成，何生为

回到长沙，他与黄兴等人共同创办华兴会①，并担任了进步报纸《俚语日报》的编辑。

其间，他曾试图劝说那位欣赏他的巡抚赵尔巽宣布湖南独立。然而宣读拒俄血书是一回事，宣布独立又是另外一回事，因此，“赵尔巽时慰遣之”。

不过，据他的同乡所述，当时陈天华做得更多的是“与下等社会谈论中国大事”，“虽目不识丁者，闻之皆泣下”。

出身贫寒的陈天华从小就在跟“下等社会”打交道，对底层

① 华兴会是中国近代民主革命团体，于 1904 年 2 月 15 日在湖南长沙正式成立。——编者注

人民的疾苦和喜好了如指掌。无论是谈话、演讲还是他的两本小册子，都能让底层民众听得懂、看得懂，真正做到了“接地气”。

当时参加革命的人都热衷于背上《警世钟》《猛回头》这两本书回国到处分发，动不动就印发七八千册。他们发现，只要是稍微认识些字的人，就能朗读这两本小册子。连小学生都相当喜欢这两本书，“募资广刷，其感化力之深类者”。

然而，陈天华的《俚语日报》因为宣传革命思想，很快就被赵尔巽的继任者查封。1904 年春末，陈天华不得不再次回到日本。这一次，他进入了刚成立的东京法政大学，在第一期法政速成班就读。但同样，他依然不断缺课、不参加考试，最终也没有毕业。

速成班 5 月开学，他夏天就回湖南，准备参加长沙起义了。

回到湖南后，黄兴派他周游江西、广东和湖南各地，“结纳绿林豪客”。9 月，陈天华和华兴会的同志一起，主持授予哥老会首领少将仪式，发给其枪械马匹。在这里，他就华兴会与哥老会的合作写下了几万字的意见。最终，这份意见成为双方合作的基本框架。

与哥老会的合作，对于华兴会及后来的革命，起到了相当重要的作用。

哥老会源于四川，最初的会众皆是江上讨生活的纤夫。随着哥老会势力的逐渐扩大，越来越多行业的底层劳动者都加入其中，遍布各省，最终形成了一个拥有几十万秘密会众的组织。哥老会多次参与革命行动。四川的保路运动[①]，是哥老会成员把它引向武装起义的。而以哥老会为主体的共进会，则是发动武昌起义的两大主力之一。

1904年，陈天华、黄兴在湖南的起义很快就以失败告终——毕竟这还是革命初期，他们经验不足，只图声势浩大，保密工作却一点儿没做，被朝廷安排了奸细都不知道。起义计划都还没实行，一枪未放，时任湖南巡抚的端方就已经得到消息，派兵围剿了他们。陈天华、黄兴等人只好逃出湖南，到了上海。

他们不死心，还想在上海发动革命。他们组织了百十来人开会，商量再发动一次起义，可这次起义还是由于经验不足而失败。一位华兴会会员在开完会后竟然跑去监狱探望因为行刺官员被捕的志士，回来的路上被人盯梢都不知道。结果他们的秘密机构接二连三被破获，革命大佬黄兴这一次还被抓了。

在革命事业遇到严重挫折的时候，作为革命的领导人之一，陈天华相当消沉。他陷入自责无法自拔，每天郁郁寡欢，既不想办法营救其他人以挽救革命的危局，也不积极联络同志保存实力，甚至都不逃生，就绝望地坐等清政府来抓他，因为“事不成，国灭种亡等死耳，何生为”。

最后，在革命同志的百般劝说下，他才离开了上海，第三次

---

① 保路运动，又称“保路风潮”，是清朝末年四川人民为了维护铁路权益而与清廷发生的斗争。——编者注

到了日本。

现在来看，革命哪有一次就成功的？必然是要经历数次失败，总结经验教训，才能东山再起。这一次长沙起义虽然很快就失败了，但当时他们联合起来的同志及会党，成了后来武昌起义的中坚力量。他们设定的计划、行动方案实则是一次预演。

可以说，没有失败的长沙起义，就没有后来的武昌起义。

但陈天华不这么看。直到自尽前写《绝命辞》时，他依然对这次失败念念不忘：会党只能偶尔合作一把，千万不能把他们当作自己人，更别说还要倚重他们成就革命伟业了。

从此，陈天华对革命有了心结，怀疑革命的道路是不是走不通。

那段时间，陈天华“情绪悲观，神色憔悴，每与友人提及天下大事，都未语泪先流，有时几乎整天泪眼不干”。在一次留学生的饯别会上，陈天华认为中国实在是汇集了所有弱国的弱点，难以计数，说到伤心处，“忽然大哭一声，仰倒在地，口沫交流”，把在座的人吓了一大跳。

陈天华这时候就开始产生了宁愿死也不愿意目睹中国亡国的悲观想法，他对友人说：“吾实不愿久逗此人间世也。”

在这种情况下，他也试图振作起来。然而，他的选择竟然是联络梁启超尝试改良，还差点儿被改良派蛊惑，要拼死回国去交请愿书，和清政府合作。为此，黄兴和宋教仁两位好兄弟不得不出面，苦苦相劝。

宋教仁对这件事记忆非常深刻。事后，他在日记中写道：他与黄兴打算和陈天华进行最后一次特别谈判。那一天，他们责备他受到改良派的蛊惑。但是“辩难良久，尚未解决”。

但是第二天，陈天华的想法突然变了。没人知道到底是什么让他发生了转变，黄兴对宋教仁说，“陈星台（即陈天华）事已干涉其不作”。

决意赴死，为诸君之纪念

翻遍陈天华的著作，我们会发现他一直在输出自己的革命理念，几乎没有提到自己的童年生活与家庭情况。他只在投海前一天为父亲所写的《先考宝卿府君事略》中说，父亲“敝衣粗食终身”，而“二兄早卒，长兄今年五十余，无子”。

他的那些童年阴影，例如贫困带来的巨大负担，童年卖糖果被人戏弄，为父亲奔丧大病一场差点儿死去……则是在他死后，朋友和同乡在悼念其文章中提到，才得以让世人知晓。

现在看陈天华仅存的几张照片，人们会觉得他方面大耳、相貌堂堂，颇有一种英武气概。但童年时染上天花留下的疤痕却是他一生的心病——他自认为面广而多麻，相貌丑陋，不够英俊。

他年少体弱，还口吃，这妨碍了他学习日文，更是让他始终不善社交，导致其性格尤为孤僻。

这一切，最终形成的是他骨子里的那种自卑感。这或许也是他屡次拒婚、终身未娶的其中一个原因。在其他革命者都坦然地结婚生子的时候，唯独他认为只有自己的事业有所成就，才有资格娶妻。

他终其一生都在试图摆脱这种自卑感。其实每个人都会自卑，只是程度不同而已，适度的自卑其实是性格优势，因为它能让人不骄纵，对外物常怀敬畏之心。但是自卑过度，就是致命的性格缺陷了。一个人如果自卑过度，就会对人生中遭遇的挫折和打击完全失去免疫力。极度自卑的心理问题会反复发作，当你取得一定成绩的时候，你会觉得自己的信心在不断地积累，你会越来越肯定自己的表现，但是只要再次出现失败，你又会让自己一次归零，觉得自己一无是处，觉得局面已极度崩溃致使你无法有所作为。

在国内，学业的成功让陈天华找回了自信，但到日本遇到了语言障碍，他的自卑感立刻爆发。拒俄事业给他带来了极大的优越感，直到长沙起义失败，他的自卑感又一次爆发。

他试图转向改良派，黄兴阻止了他。他转回自己的文章当中，辞去报纸编辑的职务，把自己关起来，夜以继日地创作《狮子吼》这本小说。不过，这本小说历时 4 个月，到最后也没有完成。因为孙中山来了。

宋教仁的日记里记下了陈天华面见孙中山时的情景：“逸仙（即孙中山）问此间同志多少？如何？……星台乃将去岁湖南风潮事稍谈一二及办事之方法，讫。逸仙乃纵谈现今大势及革命方法，大概不外联络人才一义……”

面见孙中山后，陈天华突然又振作起来，不再有几个月前“泪眼不干”的模样。

他参与成立同盟会，并和黄兴一起为誓词润色，起草相关章程。同年，同盟会的机关报《民报》创刊。孙中山亲自撰写发刊词，“三民主义”第一次公开亮相。而在创刊号的17篇文章中，陈天华一人就占了7篇之多。孙中山夸他是“革命大文豪”。

这一时期的陈天华身上完全看不出自卑，而是极度自信。他每天做着自己既喜欢又擅长的工作：写社论、社评。空闲时，他还坚持继续写《狮子吼》，尽情勾勒他心目中未来中国的模样。如果给这时的陈天华一个身份标签，那一定是“革命派中最好的宣传家”。

然而，1905年年底爆发的“取缔事件”再次把他推入危机中，把他推到了生命的终点。

事情的起因其实并不复杂：清政府发现，自己苦心培养的留学生竟然大批倒向革命党，立刻联系日本帮忙遏制。

围绕这次“取缔规则”，留学生迅速分成了两派。激进派学生号召大家罢课，回国以示抗议；而温和派主张清者自清、浊者自浊，自己问心无愧，安心学习就好。

陈天华反对用罢课这种激烈的群体活动向日方表达抗议。他担心留学生们不能统一行动，反而会造成留学生群体的分裂，白白贻日本人口实。基于这点考虑，陈天华甚至扛住了宋教仁的压力，拒绝撰写支持激进派的文章。

然而，在激进派的鼓动下，局势已经朝着陈天华最不愿意看到的方向发展。在一次留学生会议上，激进派要求全体留学生参与罢课，以“退学回国”表示抗议。一些激进的学生甚至殴打表示不回国的中国留学生。激进派苛求统一行动，结果却是加速了组织的分裂。

温和派则迅速成立了自己的组织，号召留学生回校复课。

这本是正常的分歧，却被日本媒体有意曲解丑化，污蔑中国人“特有之放纵卑劣性情所促成，惟其团结之力则颇为薄弱”。而学生们继续发生分裂，仿佛是在证明日本媒体的诋毁是正确的。

这本来只是历史长河中的一个偶然事件，但对于陈天华来说，这是一次必然。他无所适从，自卑感再一次爆发——有史以来最严重的一次。

他发现自己一直引以为傲的文字、自己的语言都那么无力，无法影响别人。他最终认定这一切乱象都是自己能力不足造成的。这一次，他做出了极端的决定——用生命去发出最后的声音。

1905 年 12 月 7 日，他连夜起草《绝命辞》，决定以非常的行动来激励人们“有所警动”，“共讲爱国”。他希望“鄙人死后，取缔规则问题可了则了，切勿固执”。

与陈天华同睡一室的人对他赴死的决心毫无察觉，只见他“握管写文字，至夜分不辍”。

12 月 8 日清晨，陈天华和平时一样，洗漱、看报纸、吃早餐，态度平静从容。

吃完早饭，他跟朋友借了一点儿钱就出门了。

出门后，他把自己夜里写好的遗书挂号寄给“神田区骏河台，清国留学生会馆杨度”。

然后，他乘车到大森海湾，走向了冰凉的大海。

那时候，他是多么绝望，又多么平静。

这一年，陈天华仅 30 岁。

陈天华报考新化实验学堂时，他的老师曾以《述志》为题，让大家写一篇作文。

在这篇作文中，陈天华写道：

> 大丈夫立功绝域，决胜疆场，如班定远、岳忠武之流，吾闻其语，未见其人。至若运筹帷幄，赞划庙堂，定变法之权衡，操时政之损益，自谓差有一日之长。不幸而布衣终老，名山著述，亦所愿也。至若循时俗之所好，返素真之所行，与老学究争胜负与盈尺地，有死而已，不能为也！

尽管只有短短不到 3 年的时间，但他确实已完成了自己当时“名山著述”的心愿。他不断以文字鼓舞人们参加革命，奋起反抗。他的《警世钟》《猛回头》至今仍然激励着很多年轻人。

然而，终其一生，陈天华都在与自己的原生环境对抗，也在和时代赋予他的烙印对抗，更在和它们强加给他的自卑感对抗。

原生环境赠予他贫穷，他用努力求学来对抗；时代赠予他焦躁，他用革命来对抗。但是环顾当时的环境，他又显得极度孤独。他不属于激进派，也不被温和派接受。他在同盟会的地位很重要，却不能左右任何事。他就像一朵冲天而起的浪花，义无反顾地跃向高空，然而环顾四周，却发现没有一个同盟。

最终，大海将其吞没，他化作一团泡沫，消散在天地之间，只在自己的小说《狮子吼》里留下了一个未做完的梦：

> 他走到一处，看见“共和国图书馆”的牌子，里面不知有几十万册的书，其中“有一巨册金字标题《共和国年鉴》”，全国有30多万所大小学堂、6 000多万男女学生；陆军、海军，军舰、潜艇、空中战艇等，铁路、邮局、轮船……

但他始终没能完成《狮子吼》这本书，犹如他没能完成自己的事业一般。

蒋百里的『长线思维』

做人还是做事？

灰鹤与他都是高傲的，爱惜羽毛的，

而他与它们的高傲只是一种姿态而已，

没有用，没有任何的用。

——老舍《四世同堂》

孔子曾周游列国，宣扬自己的治国理念，无奈春秋是个大争时代，没人理睬，以至于天下之大无处可去，沦落到有上顿没下顿的地步。

孔子曰："赐，《诗》云：'匪兕匪虎，率彼旷野。'吾道非邪？吾何为于此？"

子贡曰："夫子之道至大也，故天下莫能容夫子。夫子盖少贬焉？"

孔子曰："赐，良农能稼而不能为穑，良工能巧而不能为顺。君子能修其道，纲而经之，统而理之，而不能为容。今尔不修尔道而求为容。赐，而志不远矣！"

子贡出，颜回入见。孔子曰："回，《诗》云：'匪兕匪虎，率彼旷野。'吾道非邪？吾何为于此？"

颜回曰："夫子之道至大，故天下莫能容。虽然，夫子推而行之，不容何病？不容然后见君子！夫道之不修也，是吾丑也。夫道既已大修而不用，是有国者之丑也。不容何病？不容然后见君子！"

孔子欣然而笑曰："有是哉，颜氏之子！使尔多财，吾为尔宰。"

大意是：

孔子问子贡说："难道我们的学说有什么不对的地方吗？为

什么我们会沦落到这个地步？”

子贡回答说：“老师的学说极其宏大，所以天下没有哪个国家能容得下您。咱们要不要降低一点儿标准？”

孔子非常生气：“优秀的农夫善于耕耘却不能保证一定丰收，能工巧匠手艺高超却不能保证让所有人满意。君子能治国安民，却不能保证为世道所容。如今你不去奉行自己的学说却去迎合世俗？子贡，你的志向太不远大了！”

同样的问题，颜回的回答是：“不被容纳怕什么！学说不好，是我们的耻辱。学说好却不被采纳，是当权者的耻辱！”

孔子高兴地说道：“有道理啊！”

孔子这样的人，我们称之为“做人的人”。孔子和颜回都是理想主义者，给自己确立了很高的道德标准，追求精神上的愉悦，对物质的要求却极低。就像孔子赞赏颜回那样，“一箪食，一瓢饮，在陋巷，人不堪其忧，回也不改其乐”。在他们心中，理想不容更改，道德不容懈怠，他们绝不会为做成什么事而妥协。

数千年后，中国又出了一个孔子式的人物。

孔子多才多艺，这个人也是文化、教育、军事……样样精通。写历史和梁启超往来，作诗与徐志摩唱和。

孔子极富人格魅力，这个人也不差。任军官学校校长不过 7 个多月，但是学生们却一辈子都以是他的学生而自豪。

孔子一生不得志，却在身后获得殊荣。这个人一生从没指挥一场战役，也从没有亲自上阵杀敌。然而他去世以后，却被蒋介石追封为陆军上将。在民国时期，被人们尊奉为“军神”。

他被世人敬仰，但他的职场履历却写满了“失败”。

他叫蒋百里。

蒋百里是当时留日学生中的明星学员。在日本陆军士官学校，他碾压大批日本同学，赢得天皇赐刀的故事，至今为人津津乐道。1906年他回国后，被人推荐给盛京将军赵尔巽。盛京就是今天的沈阳，是大清起家的地方。被安排在这里的官员都是朝廷信得过、能力强的人。而盛京将军是其中最大的官员，职级从一品，相当于今天辽宁省省长兼原沈阳军区司令员。

赵尔巽非常器重蒋百里。当时大清刚刚经历长期战乱，急需强大的军事依仗。袁世凯就是借助这次机会，在天津训练出新军7万余人，一跃成为名臣的。其他地方督抚看着眼热，也想培养出自己的武装。而蒋百里正是合适的人选。于是赵尔巽破格提拔蒋百里，让年仅25岁的他成了正四品高官，相当于今天的副省长。

在年轻的蒋百里眼中，这是知遇之恩，他必当涌泉相报。然而东北的形势比他想象的要复杂得多。

当时东北军事机构一共有两个。一个是蒋百里负责练新军的督练公所，一个是整顿旧军的巡防营务处。

在旧军看来，这些新军就是将来要对付他们的，于是蒋百里成了他们的眼中钉。他被旧军百般刁难，到任三个月，一事无成。后来有人劝说蒋百里去德国深造，前程更为远大。赵尔巽一听蒋百里有心深造，立即答应全额付款以支持。在蒋百里的心中，人情债又多了一分。

1911 年，蒋百里学成归来，正巧赵尔巽辗转做官，又回到东北。赵尔巽非常高兴，奏请皇上让蒋百里继续练兵事业。然而还没等蒋百里铺开事业，武昌起义爆发了。消息传到关外，新旧两派军队乱作一团，不知道该怎么应对。

蒋百里对部下说：革命早晚必成，建议他们还是以南下参加革命为上策。部下听从了他的建议，星夜南下，投奔革命派，找到了组织。

我估计看到这里，人人都会奇怪：蒋百里这不是对形势把握得挺准的吗，他自己为什么不走呢？在我看来，其中的主要原因是道德束缚。

赵尔巽对他有知遇之恩，练兵给人，留学给钱。一句话，赵尔巽待他不薄，他不能对不起赵尔巽。危急时刻弃赵尔巽不顾，蒋百里做不出来这样的事。最后，赵尔巽秘密与蒋百里进行了一番长谈，劝蒋百里赶紧离开东北。临行前，赵尔巽还给了他一笔路费。到这里，蒋百里自觉陪伴老上级到了最后，这才放心离开，南下投奔革命派。

我们可以将蒋百里看作梁启超的镜子。论及情谊，康有为是梁启超的老师，他二人的关系比赵尔巽和蒋百里的关系重要得多。论及待人不薄，袁世凯让梁启超当财政总长，每个月给 3 000 块大洋。而在当时，一个普通员工一个月工资才几块大洋。

但是梁启超有与康有为、袁世凯翻脸的勇气，不对就是不对，不对就要反对。这样的梁启超受到指摘了吗？人们唯一对他诟病的只有“善变”这一点，有谁说他不道德了吗？

在这个世界上，活法看似千千万，归根到底只有两种：做人和做事。

做人的人会为自己订立极高的道德标准，时刻提醒自己这样不行、那样不行，妥协尤其不行。就算泡在污泥浊水中，也要出淤泥而不染，保持人格清白。这样的人是道德的化身，承担着社会良心的责任。当人们身处社会乱象中感到迷惘时，他们总能像暗夜里的星光一样为人们指明道路。

做事的人的道德感没有做人的人那么高，对于一些社会不良现象有一定的容忍度。他们并非没有良心，而是在道德底线之上画出了比较大的活动空间。在这个空间里，他们可以降价、打折、交换、妥协，其唯一目的就是把事情办成。

曾国藩对此的理解就非常透彻。初入官场，他对同僚们行贿受贿的做派极为不齿，决心不同流合污。这时的曾国藩就是个做人的人。然而当他负责一线事务的时候，他才知道成事有多难，需要多少人的协作，需要多少人进行交换、制衡与协调。从那之后，曾大帅融入了官场，也开始受贿了——每次 20 两，多了不要。从这时起，曾大帅就蜕变成了一个做事的人。

蒋百里这时或许没有心情思考这些。当他放下心理包袱，兴冲冲地跑到上海，准备加入革命派时，却发现那里早已没了他的位置。当初听他的劝去往南方的部下，如今已经在黄兴旗下的陆军部找到了位置，干得风生水起。一些激进的革命派甚至因为蒋百里曾替大清效力，还要处置他。好在有黄兴发话，蒋百里没受什么委屈。然而蒋百里自尊心很强，不愿意求人，只好黯然离开上海。最后他到底还是靠着朋友的帮助，在杭州找了一份参谋工作。这番动荡，才算告一段落。

动荡虽然过去，但发生在蒋百里身上类似的曲折，却一而再再而三地上演。他一生“不得志”的宿命，在此时已经埋下了种子。

校园枪声

1913年6月18日清晨，保定军校。

一大早，校长蒋百里就召集全体师生训话。

> 我初到本校时，曾教导你们，我要你们做的事，你们必须办到。你们希望我做的事，我也必须办到。你们办不到，我要责罚你们。我办不到，我也要责罚我自己。现在看来你们一切都还好，没有对不起我的事。我自己却不能尽校长的责任，是我对不起你们！

说完，蒋百里拔枪朝自己的胸口开了一枪。

众人这才反应过来，大喊：“校长自杀了！”

蒋百里出任保定军校校长，或许本身就是个误会。

这里的关系有点儿复杂。段祺瑞是跟着袁世凯一起打天下的老部下。袁世凯现在成了最高领袖，他再看老部下就有点儿不放心，打算提拔新人制衡段祺瑞。段祺瑞手上有兵，袁世凯就建个军校培养将军。而袁世凯看中的校长人选，就是蒋百里。

当时蒋百里已经答应蔡锷去云南当民政长。蔡锷是蒋百里的挚交，那时已经是云南的实权派。蒋百里来找段祺瑞辞行。段祺瑞就假惺惺地说民政长是肥缺，而军校是个烂摊子，设施烂、人员烂，面临被裁撤的命运，但袁大总统器重，蒋百里又才干卓著，必然能让军校起死回生，焕然一新。

在中国旧官场，听话分三种境界。第一种叫“听风就是雨”。意思是，从字面理解，听到什么就是什么。第二种叫“听出话里有话”。这个级别的话有个特点，就是说话者说出的话和想表达的意思有一定关系，但是并不明确。比如，有个 CEO（首席执行官）功成名就，打算卖掉公司，从此走向财务自由，就找朋友问问这样好不好。朋友不明说好或不好，却说“我想起了两个人”。这两个人都是功成名就之后继续创业的，现在的成就已经是过去的十倍甚至百倍了。尽管朋友没明说，但是 CEO 已经明白了他的意思，朋友是在鼓励他继续去努力获得更大的成就。

顶级的听话是第三种，“听出弦外之音”。这是一门极其深奥的学问。看似夸奖其实贬低，看似贬低其实褒奖；看似鼓励其实劝退，看似劝退其实鼓励；看似在讨论A事，其实在映射B事。没有足够的历练和天赋，实在无法掌握。

段祺瑞是听话的“满级号”，也是说话的“满级号”。他对袁世凯的心思心知肚明，也物色好了自己的军校校长人选。现在他跟蒋百里说这个，就是一种“看似鼓励其实劝退”的做法。然而蒋百里不仅没有这个听话的天赋，也没有这个自觉，他的听话水平还停留在第一级，两人完全不在一个频道。段祺瑞的一番话反而激起了他的血性，他毅然决然地推掉了好友的邀请，接下了军校校长这份挑战。这一下，反而显得段祺瑞弄巧成拙了。这让他恼羞成怒，为后来的“校园枪声”埋下了伏笔。

就这样，蒋百里走马上任，成为保定军校的校长。

蒋百里到任后才发现，情况比段祺瑞说得更糟糕。炮兵没炮，骑兵没马，操场上的杂草比人的膝盖还高。学生也无心操练，只知道每日闲逛和出入风月场。

蒋百里决心好好整顿，先从教员开始。大批不干正事儿的被裁撤，换上能干又愿意干的人，军校氛围顿时焕然一新。

但是这样的举措几乎得罪了所有人。

在中国古代，尤其是和平年代，官员的数量总是会急剧膨胀。除了因为管理事务越来越多，更大的原因是促成政权的和平过渡。老皇帝退休后，新皇帝必须启用自己的班底。但是新皇帝不能立刻罢免老皇帝的人，只能保留其福利，请其让出职务。如果此人能量太大，新皇帝还需要做出其他方面的妥协，比如给他升官，给他的子女提供福利保障，等等。这样几任交接下来，政府官员的数量就会出现一个恐怖的数字。当然，每年支出的福利资金更加恐怖。

这时的保定军校，用一句话概括就是“庙小妖风大，池浅王八多”。不大的一个机构，竟然还分为北洋武备派、北洋速成派、日本士官派、德国派等。蒋百里为日本士官出身，按说应该属于日本士官派，但是他对日本那套看不上眼，曾说“日本的教育和军事，中国最不该学”，此言一出，几乎把日本士官派得罪光了。

蒋百里更欣赏德国的做法。在他看来，德国的官员任免真是清晰干脆，能者上，庸者下。就连“铁血宰相”俾斯麦那样的高官的任免也就是一纸调令的事儿。他是这么想的，也是这么干的。当时有位马术教官极不负责，在他治下的马匹竟然死了三分之一，他却仗着有后台不服管教。蒋百里立刻罢免了他的职务，换上了踏实肯干的人。

蒋百里一心想为中国打造一支现代化的军队，至少要达到德国军队的水平。但是他忽略了一个问题。他看到的德国，是“近代化”的德国。而当时的中国，还是一个没有完全脱离“封建社会”的中国。所有的问题，不可能这么轻易地完成新老划断。

报复很快袭来。占比最多的北洋速成派和日本士官派联合起来，拆蒋百里的台。凡是军校需要的物资，能拖就拖，能扣就扣，能挪用就挪用，总之就是什么也不给他。如果换作一个做事的人，会想出许多办法，比如利益交换，拉一派打一派，或者去找自己的人脉，甚至找袁大总统告状。但蒋百里不行，因为他是做人的人，让他做违背其道德观的事，比杀了他还让他难受。

于是，就有了前面自杀那一幕。

蒋百里的血性和骨气赢得了千古赞誉，但是这份刚烈在另一些人眼中却有另一番意味。

在未来的数十年间，他也像当年的孔子一样，游走在各大势力之间。人人都把他捧得很高，却没人愿意对他委以重任。而其身份也永远只是参谋，他自嘲，或许自己就适合当参谋。只有大军阀吴佩孚说出了真相："蒋某不算汉子。古今英雄，设均一死了之，还能成就什么事业？"

蔡锷的遗产

其实，蒋百里是有机会成为有实权的人物，当上一方大员的。

反袁斗争结束后，蔡锷被任命为四川督军兼省长。这是妥妥的封疆大吏。然而正当蔡锷打算振作有为、造福一方时，他的喉癌却越来越严重。蔡锷对自己的病情不抱希望，知道自己恐怕挺不过这一关。于是他和蒋百里商量，一旦自己有什么不测，全部基业就托付给蒋百里——不光是四川督军和省长这两顶帽子，还有现成的军队，两员心腹大将戴勘和张耀庭也一并托付。在任何时代，这都称得上一份重托。蔡锷相信蒋百里的人品，更相信他的能力。他认为，在蒋百里手中，自己这份基业一定可以发扬光大。

蔡锷东渡日本治病时是 1916 年 9 月。从那时起，蒋百里就全程陪护。可惜到了 11 月，蔡锷病重不治，一代将星就此陨落。

按照约定，此时蒋百里应该立即入川接手四川事务，但是蒋百里始终忙于蔡锷的后事，根本没有考虑接班的事。

他与蔡锷在日本相识，同在日本著名的陆军士官学校求学，是那一届数一数二的高才生。回到国内，两人都在建设新型军队的事情上呕心沥血。尽管一南一北，却不妨碍两人意气相投。两人原打算反袁斗争结束、恢复和平后一起闯事业，谁能想到蔡锷这么年轻就撒手人寰？蒋百里此刻不愿去想什么基业，只想一心陪伴好友走完最后一程。

直到 1917 年 4 月 12 日，蔡锷的葬礼结束，蒋百里才算放下心中包袱，收拾行囊准备入川。

请注意，这时距离他和蔡锷约定的入川时间已经过去了 5 个多月。途经长沙时，他被当地的亲朋故友盛情挽留，又多停留了几天。等他终于过了重庆时，却被迎面撞来的噩耗击倒：就在数日前，川军哗变。蔡锷留给他的军队被吞并，两员心腹大将被乱军杀害。此时的四川，已经是“城头变换大王旗”。

蔡锷一生的心血，毁于一旦。

后世有人说，这是蒋百里吉人自有天相，如果他不是晚去这几天，恐怕他也死于乱军之中了。不能说这种说法没有道理，但是如果蒋百里能遵守约定，早一点儿入川接手军队，结束四川群龙无首的局面，这一切是不是可以避免呢?

四川是天府之国，物产丰富，土地肥沃，而且易守难攻，是割据称雄的不二之选。在中国数千年的历史中，这一幕已经上演了无数次。蔡锷病后，群龙无首的四川在其他军阀眼中就是妥妥的无主肥肉。谁会不眼红?谁会眼巴巴地等着蒋百里回到四川，把一切安顿好了再开战?

然而蒋百里却恪守传统礼仪，任由四川在权力真空的状态下“裸奔”了近半年，任由两位大将在那里苦苦支撑。

这其实是所有追求做人的人的通病。对他们来说，为人处世，道德优先。事做不成顶多是遗憾，但是“人设崩塌”是绝不能容忍的。要求高的甚至可以到达精神洁癖的程度。甚至别人还没张嘴，他就已经在脑补别人会怎么戳他的脊梁骨了。这样的事情发生在蒋百里身上，不是第一次，也不是最后一次。

1930年，蒋介石和冯玉祥开启“中原大战”。这里面没什么正义，不过是一场争霸战。其中第五军的指挥官叫唐生智，是蒋百里的学生。蒋介石认为唐生智的指挥水平不行，想让蒋百里来指挥。在一个“军队国家化”的国家里，最高领袖指派军队将领是再正常不过的事情，可是蒋百里却推脱说，他不能以老师的身份夺学生的军队。

然而，“军队国家化”正是蒋百里一向的主张，怎么这会儿军队又成了唐生智的了?

不知道蒋介石是不是相信蒋百里的说辞，但他最终还是撤销了委任。蒋百里又失去一次证明自己的机会。

从世俗礼数的角度，我们对蒋百里绝对挑不出毛病：病榻上朝夕相伴，身后事亲力亲为，朋友一天没有入土为安，绝不染指朋友的基业……

但是就朋友的嘱托来说，蒋百里此举却是弃大义而顾小义。要知道，当初袁世凯仗着兵力优势在国内大杀革命党时，举国上下噤若寒蝉。一些地方军阀不是畏其锋芒，就是保持观望态度。只有蔡锷举起“护国”大旗，以云南一省之力跟袁世凯举国之力死磕，即便是弹尽粮绝时也没有退缩。

在这个万马齐喑的时代，蔡锷就像暗夜中仅存的一点星光，保留着中国军人最后一点儿血性和希望。

为了策应蔡锷，梁启超也曾九死一生，偷偷去广西劝说广西都督陆荣廷。然而如果没有蔡锷拼死苦撑，让陆荣廷看到打赢的希望，陆荣廷又怎么会被梁启超的三言两语说动？

兵是百战之兵，将是能战之将，土地是富庶的土地，这正是蒋百里梦寐以求的创业基地。蔡锷是蒋百里的挚交，他知道蒋百里的才干，也知道蒋百里的人品，更知道他向来有远大志向和美好愿景，只缺一块用武之地。所以在生命将尽时，他以基业相托。在他看来，放眼全国，唯一值得托付的就是蒋百里了。

但是蒋百里却把这份托付弄丢了，而且是以最无谓、最惨烈的方式弄丢的。

民国初年是大争之世，每一块无主之地都是肥肉，每一块权力真空都是罪过。就在蒋百里为蔡锷的后事奔忙时，四川本土军阀发动了驱逐滇军之战，蔡锷的军队惨遭屠戮。这就是蒋百里入川时看到的那一幕。随即，云南军阀唐继尧打着“护法讨逆”的旗号，率先将手伸向了四川这块无主之地。

这次兵灾并不是终结，而是开始。从那以后，四川这块土地“战祸惨烈，甲于全国”。一直到 1933 年，刘湘和刘文辉叔侄二人决出胜负，才给这场旷日持久的战乱画上一个休止符。在长达 16 年的战乱里，四川共爆发过 470 多场大大小小的战争，死于战争的军民人数高达数十万。

这一切，是蔡锷希望看到的，还是蒋百里希望看到的?

错过的五四

1918 年年底，一艘名为“横滨号”的邮轮正行驶在海面上。一个黑瘦的中年人正感慨地指着一处船舱说：“这就是梁某人当年的藏身之处啊！”

说话这人正是梁启超。当初他偷渡越南时，就是躲在“横滨号”的煤仓里。如今，这个船舱已经改成理发室，让人颇感世事沧桑、人生难料。

梁启超和蒋百里此次是按照北京政府的安排，作为“外交二线队”去欧洲游说的。作为“一战”的战胜国，中国当然要争取更多的利益。所以政府在派出以陆征祥、顾维钧为代表的一线队伍的同时，还派出以梁启超为首的“欧洲考察团”，涵盖政治、经济、军事、工业领域的人才。这在当时的中国称得上“梦之队”，每个成员都是当时中国的顶尖人物。

然而游说结果很不理想。国与国之间的较量永远要靠实力说话，万卷法典，不如一卷炸药。

消息传回国内，瞬间点燃了中国人民心中的怒火，五四运动就此爆发，席卷全国，中国革命从此进入一个新阶段。

此时的梁启超和蒋百里在做什么呢？他们在欧洲一共游历了一年零三个月，到 1920 年才回到国内。

游历途中，他们特地去看了几场著名战役的遗址。到处是断壁残垣，满目疮痍，坟墓遍地。许多城市的战争痕迹还未消去，满眼都是流离失所的平民和肢体残缺的退伍军人。看到这些，考察团的每个人心里都沉甸甸的。难道这就是中国的未来吗？大工业革命后的中国，也要变成一台战争机器吗？一番反思之后，两人在回国途中各自开始写书，把沿途所见写下来，警醒国民，不要过分崇拜欧洲文明，而是应该吸取欧洲文明的长处，结合中国传统文化的优势，形成新的文化。

然而当他们回到国内时，却惊讶地发现国内已经变了天。年轻人心中的领袖已经是更年轻的陈独秀了，年轻人爱看的读物也变成了《新青年》。新一代年轻人的思想更激进，态度更坚决。他们看书只能看出“吃人”二字，极端的人连汉字都想废除。

于是，中国当时的顶尖精英人群分成了两派，开始了一场旷日持久的论战。一边以陈独秀、李大钊为代表，一边以梁启超为代表。

这次，蒋百里坚决站在梁启超一边，也站在了“保守”一边。

梁启超主张的警惕欧洲文明有错吗？没错。青年们的想法正确吗？起码不能说是完全正确的，有点儿极端。那么为什么梁启超的主张不得人心呢？因为时机不对。

当时的中国还处在一个农业国转变成工业国的前夕，我们的工业水平与欧洲相比差得太远。想造成欧洲战争那种程度的破坏，中国只怕还没有资格。那时中国最需要的不是规避工业文明的破坏力，而是先能达到欧洲列强的国力，在未来的竞争中做到自保。

一句话：还没到时候。

而梁启超宣扬的理念，就像是对一家不到十人的初创企业说：你要当心，不要染上大企业病。

蒋百里在梁启超的阵营中奔走，乐此不疲。一方面是他亲眼见过欧洲的惨烈，另一方面却是因为他和梁启超的关系非同一般。

这里，我们不妨追述一下蒋梁二人的关系，有利于我们更好地理解蒋百里背着的人情包袱。

当初蒋百里留学日本时是自费生身份。当时的日本军校分为三级：陆军预科学校、陆军士官学校和陆军大学。

陆军大学是高级学府，隶属于日本陆军参谋本部，专门培养将、佐级军官和参谋。陆军士官学校是初级学校，培养尉、士级军官。而预科学校则是敲门砖，所有人必须从预科学校毕业，才有资格进入士官学校。

当年，蒋百里在预科学校完成了学业之后，按照流程应该进入士官学校深造。但尴尬的是，就在这期间，沙俄侵略中国，留学生们发起了“拒俄运动”，社会氛围陡然紧张起来。慎重起见，日方收紧了军校生的录取口子，规定只有政府报送的公派生才可以进入军校学习，其他身份恕不接待。蔡锷是名副其实的公派生，自然顺利进入。而蒋百里的自费生身份却成了大麻烦。按照蒋百里一贯的性格，他大概会仰天长叹，然后收拾行囊回家。如果真是这样，蒋百里的后半生将会彻底被改写。

就在蒋百里一筹莫展的时候，梁启超站了出来。要说梁启超的人脉，真是名不虚传，他辗转联络上了早稻田大学的校长，又通过校长的私人关系请士官学校负责人通融，蒋百里这才顺利进入士官学校。因此说是梁启超成就了蒋百里，一点儿也不为过。这番成就之功，比赵尔巽的不知道大了多少。从此蒋百里就跟定了梁启超。

然而，成也萧何，败也萧何。密切追随梁启超也导致他屡屡错过与时代同步的机会。从那之后，蒋百里彻底成了一个无党派人士。他在各种势力中穿梭，却没人把他当作自己人。

蒋百里无疑是个天才，但他却一生没有足以匹配才华的建树。这是他本人的悲剧，也是那个时代的悲剧。但归根结底，蒋百里自己要负更大的责任。他的自误，是身处一个礼崩乐坏的时代却强求理想国的秩序。他渴望拥抱新势力，却在旧势力中越陷越深。他希望改造旧势力，却遭到旧势力的一致反扑。他想争取用武之地，却屡屡因为恪守旧道德而丧失机会。

如果用一个词概括蒋百里的人生，那就是撕扯。既想做人，又想做事。既想按照新时代的方式做事，又想按照旧道德做人。

其实，做人和做事，是两种思维方式、两套行事逻辑。要做人，就要给自己设定一个别人无法企及的道德高度，坦然接受他人的敬仰。要做事，也可只做符合自己道德观的、可以独立完成的、不需要太多协作的事。如此度过一生，也算一种境界。反观蒋百里，真正让他留名青史的，其实是他的各种思想。这种著书立说的生活才是真正适合他的。

如果要做事，就不要过于在乎教条式的名节。名节用好了，是人格魅力，是成事的助力；用得不好，就是阻碍，是束缚。放下包袱，积极入世，才是做事的态度，才是成事的态度。

要做事，就必须与人协同。必须承认，人只有在一件事中能找到自己的利益，才会愿意参与协作。然而利益有高下之分。有人是为了心灵满足，比如做慈善；有人是为了回报社会，比如做志愿者；有人为了盈利；有人为了名声；有人为了谈资，将来可以到处显摆。你可以鄙视其中的哪一种人吗？可以将谁排除在外吗？

都不可以。因为这些都不是“成事”的标准。成事的标准，只在乎此人有没有资格参与。这些资格可以是能力允许，可以是性格合拍，可以是时间充裕，可以是资金雄厚。只有海纳百川，容许更多的人参与，允许他们获得想要的回报，才能获得更多的助力。

蒋百里曾自嘲说：与其说他不得志，不如说他不得时。

巧合的是，他也用颜回的评价自勉：如果是他的水平不够导致不得志，那是他的耻辱。如果他的水平够却不得志，那就是当权者的耻辱！

或许是蒋百里刻意忽略，孔子在自己的有生之年，其实并没有得到后世那样崇高的地位。把他推上神坛、成为圣人的，正是他指责为志向不远大的子贡。

在开篇那番对话之后，是子贡出使楚国，说动楚国国君接纳孔子，才让孔子免于饿死。再后来，子贡担任两个国家的相国，经常作为大使出访各国。以至于有许多人认为子贡比孔子还厉害。而子贡则说，他的厉害之处是人们看得见的，他老师的厉害之处是人们看不见的。

孔子逝世之后，子贡更是启动了一系列宣传活动，在列国不停宣讲，终于使得儒家学说成为显学，孔子也才真正成了后世敬仰的“万世师表”。

做人的人照亮世界，做事的人推动世界。

孔祥熙的助力与阻力

望族里飞出凤凰男

金钱不是做奴隶就是做主人，

二者必一，

别无其他。

——[古罗马] 贺拉斯《诗艺》

1938 年 12 月 4 日，正值抗战初期，胡适从美国发了一封电报，通过朋友转告傅斯年一句话："勿攻孔。"

孔，即孔祥熙。

胡适一直看不上孔祥熙，力主打倒"孔家店"。在他心里，孔祥熙就是一个贪利小人。

孔祥熙也不喜欢胡适。单就胡适出任驻美大使这事儿，孔祥熙就一直阻挠。直到胡适赴美上任，他还到处跟人说：胡适实在是不如前任大使王正廷。

傅斯年早在 7 月就给蒋介石写了一封信，大力批判孔祥熙，从才能、用人、内政、外交、政风、家风等方面指出孔祥熙不适合担任行政院院长。11 月，广州、武汉在日军的进攻下相继失守，傅斯年又联名 52 位参政员再次上书蒋介石，要求撤掉孔祥熙的行政院院长职位。

几个月后，胡适第二次给傅斯年写信。他向傅斯年分析了局势，提出了一个很关键的问题：如果孔祥熙下台，汪精卫、宋子文、孙科继任，结果会如何？

言下之意，这里面没一个好人。傅斯年如果真把孔祥熙给搞下去了，接替他的这几个人更可能导致抗战失败。

不可替代性往往比一个人的能力更能决定其价值。在那个位置上，你的综合分数是最高的，你就是唯一的，别人无法取代你。所以，有时候我们会觉得上司有点儿傻，明明谁都比他能力强，但问题在于，在那个位置上，可能只有他在综合能力上是最合适的，别人未必比他强。

在当时胡适的综合打分体系中，孔祥熙就是唯一不可取代的人选。

这封信里的话，傅斯年根本没听进去。在傅斯年心里，这算哪门子道理！这孔祥熙不仅是个贪利小人，更是一个窃国大盗，势必是要被赶下台去的。

后来，胡适第三次写信，劝傅斯年不要再批孔。

这次，胡适从微观细节上分析了情况。当时国民政府大本营贸易调整委员会主任委员是孔祥熙的亲信，如果孔祥熙下台，宋子文上台，孔的亲信也会处处为难宋，这样不利于向美国借款，不利于抗战。

“我向来主张‘打孔家店’的人，今反过来为庸之（即孔祥熙）说好话，是很伤心的事。但我为国家计，认为应该如此干，故不避嫌疑，决心发此电。”在 1939 年 11 月 26 日的日记里，胡适写道。

一个当时许多人评价不好且历史上的最终定论也不好的人，居然让一群好人不得不承认他的实力，甚至碍于时局出言维护他，孔祥熙可以被称为一代“人杰”了。

但最终，这样一个“人杰”也因为所作所为过于恶劣，让蒋介石也不得不痛下决心。

就在胡适写下日记的前一个星期，蒋介石宣布孔祥熙改任行政院副院长，自己任院长。因为当时法币暴跌、物价飞涨、黑市盛行、民怨沸腾，蒋介石已经护不住孔祥熙了。自此，孔祥熙开始走向权力的下坡路。

人生初体验：望族里的穷人

教育改变命运，这句话在孔祥熙身上得到了充分的体现。如果我们回到他的青少年时期，我们也会因为孔祥熙鲜衣怒马的出场而对其寄予满满的期待。

孔家是山西望族，其祖父孔庆林是一代晋商，拥有很多钱庄票号，甚至在越南也有分号。孔祥熙有过一小段富家子弟的生活。但孔祥熙的父亲是个败家少爷，很快就把家产折腾到只剩下几间空荡荡的房子，于是只能投靠岳父，开一间很小的私塾度日。

孔祥熙 10 岁那年得了腮腺炎。因为没钱医治，他每天只能用衣服裹着自己的头。后来，万般无奈之下，他父亲决定到当地的教会医院去试一试。没想到，西医手到病除。

这段经历改变了孔祥熙的很多看法。他以前对西方的教会、西方的学问是排斥和恐惧的，但这一次跟教会医院打交道，让他对西方的那些学问充满了向往。回家之后，他就提出要去教会学校读书。

他的这个想法自然遭到大家族的反对：身为孔圣后裔，不好好学习儒家思想，去什么西方教会学校读书？当时山西的大家族都看不起教会，只有穷人在走投无路时才会投靠教会。孔祥熙一家当时虽然顶着望族的名头，但早就已经是事实上的穷人了。

为了生活有着落，他的父亲不仅背弃了自己当初对族人做出的不加入教会的承诺，甚至以教徒的身份开始在教会小学任教。

按照弗洛伊德的理论，一个人成年后的很多行为往往可以追溯到他的童年经历。孔祥熙见识过金钱，也经历了穷困潦倒的生活，这种有着巨大落差的记忆是无法被抹去的。出身大家族又如何？没钱还是活不下去。而他的父亲以身作则，向他鲜活地演绎了“人为了活下去是可以背弃承诺的”这么一个故事。

童年经历为孔祥熙后来的人生定下了基调。

孔祥熙如愿进入了当地的教会学校——华美公学，像无数穷孩子那样拼命学习。孔祥熙无疑是聪明的，从华美公学到后来在耶鲁大学读硕士，他一直成绩优异。

10 岁那年接触教会是他人生的第一次重大转折，20 岁那年，孔祥熙迎来了人生的第二次重大机缘。

时值 1900 年，义和团开始兴起，山西巡抚毓贤教唆老百姓焚烧教堂，屠杀传教士。孔祥熙母校的老师们也被囚禁起来，等着太原那边来人主持行刑。孔祥熙赶紧筹措了一大笔钱，买通了几个看押的乡民，放走了老师和三个传教士，并带走了其他传教士的绝笔信和纪念物，把它们藏在鞋底，承诺交给他们的家人——这件事后来成了教会一直资助他的学业、资助他开设学堂的资本。

后来八国联军听闻了山西教案，准备调兵进入山西。孔祥熙赶赴北京，把传教士们的遗物交给教会后，又被教会当作“亲历者”推荐给联军。作为联军的“顾问”，他极力向外国人解释，山西的老百姓是无辜的，他们都是受毓贤的唆使。如果非要办，把毓贤办了就行。联军总部最终放弃了这次入侵山西的计划，孔祥熙可以记一份功劳。

这是 20 岁的孔祥熙第一次展现出他的影响力。不论是在山西救人，还是在北京拦下八国联军，都可谓具有一身胆识。

也正是这次山西教案让他意识到，中国需要开启民智，引入西方教育模式是关键。因此，1901 年 9 月 12 日，21 岁的孔祥熙漂洋过海到达美国旧金山，准备接受进一步深造。

中年后已是全国上下痛骂为“巨贪”的孔祥熙，经常被漫画家设计出奸商嘴脸的滑稽形象，发表在报纸上表示讽刺。而在 1901 年，站在旧金山海关等待走进美国的孔祥熙，却还是风度翩翩的英俊少年。他身材消瘦，面容清秀、严肃。极力促成他留学的美国传教士麦美德（Luella Miner）由衷地赞美孔祥熙，说他“脸形俊美，手指纤长，言谈举止儒雅大气”。

然而，迎接这个俊美青年的，并不是什么友好、自由之地。1901 年，美国排华情绪高涨。就在头一年大肆横行的鼠疫中，旧金山卫生局认定是华人带来了病毒，试图强行把华人搬迁到棚户区。而孔祥熙抵达旧金山时，旧金山议会再次延长了《排华法案》的期限。正是因为这一法案，孔祥熙和他的同学费起鹤被海关拒绝入境。

当时美国海关扣留中国人是常有的事。不过这对于孔祥熙来说，却是一记重击。出发前，他还怀着满腔热血，心中充满了对美国的向往。他正准备扬帆起航，理想的风帆却一下子被扯了下来，卷起来，收进了仓库。这可能是两个投身于美国教会的年轻人第一次对清政府在国际上的地位有切身体会。

那一年发生了很多事情。

- 清政府向列强赔款 4.5 亿两白银，同时还签订了丧权辱国的《辛丑条约》。
- 我国第一所按章程开班的大学——山东大学堂成立。
- 意大利物理学家吉列尔莫·马可尼在圣约翰收到了第一个跨越大西洋的无线电信号，通信将变得史无前例地迅捷。
- 诺贝尔奖首次颁发。
- 西奥多·罗斯福宣誓就任美国总统。

但对于孔祥熙和费起鹤两人来说，最有切身影响的莫过于11 月 7 日李鸿章病逝。继任的袁世凯忙得不行，在他们的护照上顺手签了个名，又将护照直接发出。然后，护照又被退回。直到第三次，旧金山海关终于收到写明两人真实身份情况的护照，才准许他们入境。

当他们最终抵达欧柏林大学时，已经是 1903 年 1 月——距离他们抵达旧金山已经差不多一年半了。这一年半的时间虽然不长，但如果要理解孔祥熙后来的人生轨迹，恐怕必须追溯到这里。孔祥熙一方面苦于清政府的落后，另一方面困惑于美国人对中国人的态度——似乎哪个国家都不友好。

清政府不可依赖，西式的所谓自由民主也根本不可信，那是不是可以追随革命党人？孔祥熙于是开始关注孙中山的行踪，还尝试联络他。这事实上成了孔祥熙人生里的第三次重大机缘。

1905 年，当孔祥熙听说孙中山要途经俄亥俄州的克利夫兰时，他立即赶到克利夫兰，见到了自己仰慕已久的人。会面中，孔祥熙向孙中山表示，自己要提倡教育，振兴实业，并向孙中山请求加入刚刚成立的同盟会。两人当时都想不到，多年后，他们会再次相遇，并成为一家人。

孔祥熙在学习上继续展现出开挂级的表现。

- 1906 年，获得欧柏林大学学士学位。
- 1907 年，获得耶鲁大学矿物学硕士学位。

1908 年，孔祥熙回国了。

他带回国内的除了一大笔钱，还有欧柏林大学的几位老师，他们一起开始在孔祥熙的家乡太谷县筹建铭贤学校。孔祥熙亲身经历了教育改变命运的过程，对教育事业，对这所学校，他一直尽职尽责。他不仅担任校长职务，还担任物理、体育等课程的老师。他在这所学校大力推广西方文化，聘请诸多有名的外教，连海明威的叔父都被他请到学校担任外教。他在学校不仅开设体育课，还把一些西方的军事操练项目纳入体育课。由于效果显著，连当时太谷警察局都要请他们学校的诸位老师当顾问。

学校的建校基金部分来自“庚子赔款”[①]，部分由欧柏林大学的校友们捐赠，本意是在太谷立碑以纪念1900年死于山西教案的人。但孔祥熙认为，与其立碑不如开办学校，以造就人才，传播逝者思想。

在欧柏林大学为他举办的欢送会上，他成功地说服了学校的诸位理事和校友。这就很聪明了。当其他人在考虑找工作的时候，这位毕业生却为自己创造了一份事业。

这所铭贤学校，就是今天山西农业大学的前身。

孔祥熙在铭贤学校的教育事业是成功的。他的学生们大部分都有所成就：一部分进入国民政府，成了孔祥熙的亲信；一部分则去了延安，投身革命，成为新中国的奠基者。

孔祥熙后来也非常支持教育，但这也早已褪为他人生的一些细枝末节。假如孔祥熙像他当初的同学费起鹤一样，沿着这条路走下去，他会成为一个教育救国、实业救国的楷模，一个民主革

---

① 庚子赔款，简称“庚款”。帝国主义各国强迫清政府签订的《辛丑条约》规定，中国付给各国赔款4.5亿两白银，并以各国货币汇率结算，按0.4%的年息，分39年还清，本息共计9.8亿两白银。这笔赔款因1900年（旧历庚子年）义和团事件而起，故称“庚子赔款”。——编者注

命的先驱。他应该会是一个值得我们尊敬和敬仰的爱国人士、革命家。

振兴经济，确有经世之才

1945 年，因为震惊中美的“鲸吞美金公债”一案，蒋介石终于下定决心撤掉孔祥熙的职位。但没过多久，蒋介石又后悔了。他发现，继任的宋子文只用了两年，就败掉了孔祥熙留下来的财政盈余。

今天我们评价孔祥熙，先不论价值取向上的褒贬，在才华上，他是令人赞叹的，他甚至做出过极为卓著的贡献。在这一点上，胡适看得非常清楚。有些事情，在当时只有孔祥熙能做成，而其他人只能变成无能的映衬。

孔祥熙在任 12 年，对中国经济的发展是有巨大贡献的。后世人为他总结了两条重要贡献：完成了币制改革，建立了中央银行体系。

关于这两条的理论有点儿复杂，我们可以简单描述一下。什么叫“币制”呢？就是货币发行、流通、兑换的相关制度。我们知道，当年秦始皇统一了货币，但是这币制问题却是历朝历代都面临的麻烦事儿。单从发行来说，谁有权发行货币？在某些时期，政府能发，诸侯王能发，甚至私人都能发行货币，这就非常混乱了。

更复杂的是，在古代社会，有些地方为了自己的利益，还会发行具有货币功能的票据。一个商人想要行走各地做生意，需要不停地兑换各地票据。一项今天看起来无比简单的交易，在当时却需要非常复杂的流程。

清帝逊位之后，民国形式上统一了全国，实际上仍然是地方势力各自为政。各路大帅独立发行自己地盘上的货币，以至于当时市面上流通的各色货币达十余种，而拥有货币发行权的银行高达 30 余家。如此混乱的币制让经济发展困难重重，民国政府财政年年赤字。

因此，孔祥熙要做的第一件事就是把货币发行权收归中央，由中央统一发行货币。1935 年，孔祥熙宣布：由中央银行、中国银行、交通银行三家银行集中掌控货币发行权，发行法定统一货币，简称“法币”。统一的央行、统一的货币，造就了统一的市场。中国老百姓从此不必纠结自己是在哪个大帅的地盘上，该兑换多少当地货币。

当然，这只是完成了第一步，孔祥熙面临的第二个困境是纸币和金属货币脱钩。

货币与贵金属挂钩是古代各国的统一选择，朝代更替，老百姓对政府的长治久安并没有太大的信心，有贵金属作为货币的信用背书，那就好多了。但这又会出现一个难题，那就是矿产储量锁死了一国经济，贵金属储备下降的情况一旦出现，就会导致货币紧缩，经济萧条，更严重的甚至会使国家崩溃，王朝覆灭。所以，在清朝末年，英国人用鸦片撬开了中国的大门，不仅仅荼毒了中国人的身体，对朝廷来说，更要命的是鸦片贸易导致大量白银外流，这是国家财政不能忍受的，所以我们顶着开战的风险，也要禁烟。

到了民国时期，国家的法定货币与白银直接挂钩，因此，白银价格就成了列强对中国经济侵略的有力工具。例如，1934 年 6 月美国突然通过《白银收购法案》，开始在国际上大肆收购白银，致使白银价格快速上涨。这对中国经济是一记重创，因为国际银价上涨，国内白银向外走私有利可图，由此造成了更大规模的白银外流。短短三个月内，白银净流出达 2 亿两，国内工商业因此元气大伤。

孔祥熙接手的就是这样一个烂摊子。他眼前的任务，是一个空前复杂的困局：既要维护白银在民众心目中的地位，又要实现纸币发行和白银脱钩；给中国经济松绑，摆脱列强的变相操控。

为了实现以上目标，孔祥熙连出重拳：现有的白银必须兑换成法币，管你是银币、银锭还是银块；对白银出口收高额的出口税和平衡税；禁止白银走私，奖励白银流入；和国外签订“君子协议”，要求对方协助中国防止白银外流。经过以上几波操作，最终回笼国库的白银高达 5 亿盎司[①]，约合 15 000 吨。有这么多白花花的银子做储备金，政府发行法币就有了底气，民众消费法

① 1 盎司约为 28.35 克。——编者注

币也有了信心。按当时的政策，政府回收价值 6 元的白银，就可以发行面值为 10 元的法币，凭空就多了 4 元的收入。不难想象，国库里那么多白银，能为政府带来多少收益。

在孔祥熙的规划下，国库储银不再参与流通，这就变相实现了白银与纸币的脱钩。从这时起，中国的银本位制就悄无声息地终结了。

那么这海量的白银从此就在国库里睡大觉了吗？不会，在孔祥熙手上，这海量白银的作用远不止这些。

完成前两个目标后，孔祥熙还必须让法币在国际外汇市场上保持币值稳定。作为经济弱国，最好的办法就是和经济强国的币值挂钩：你涨我也涨，你跌我也跌。在当时的外汇市场上，英国是老牌金融帝国，美国是最强金融帝国，它们是天下最粗的两条大腿。如果能与它们保持汇率挂钩，就可以间接实现币值稳定。

但强国的大腿不是轻易就可以抱的。不管是英国还是美国，都希望借中国币改的机会深度介入中国经济，甚至借此控制中国经济命脉。而孔祥熙则用为数不多的筹码，和两大强国展开了周旋，实现了利益最大化。

孔祥熙拿出自己做生意的精明来，在英美两个大国之间走钢丝。不得不说，他这一招既危险又有效。孔祥熙公开宣布：让中国盯紧谁的汇率，谁就要给中国投资。这一举措相当巧妙：原本中国是弱国，就算中国不上门去求，英美也绝不会放弃这块肥肉。如今孔祥熙放出话来，美英两国反而成了竞标的，中国成了审标的，不再腹背受敌，而是坐山观虎斗。

英国最先介入，孔祥熙开出的条件是从英国借出 1 000 万英镑。英方代表不愿单独承担，孔祥熙转头就把条件转达给了美国。美国开出的条件是：中国法币必须盯紧美元，外汇资金存放在美国。

孔祥熙一边拖延，一边加紧币改，抢在答复美国之前完成了币改。美国非常恼火，以拒绝购买中国白银相要挟。孔祥熙要起了狠招，声称如果被逼无奈，中国就到国际市场上抛售白银。他底气十足：5 亿盎司白银拿来砸盘，不愁砸不下来。美国被弄得没了脾气，只好在 11 月 15 日达成一项购买中国 500 万盎司白银的协议。这笔钱奠定了中国外汇储备的基础。

经过这一套组合拳，中国的法币制度终于稳定下来。稳定的币制带来了稳定的信心。

币改成功的第二年，也就是 1936 年，中国进口商品数量减少了 16%，出口商品数量增加了 28%；出口额比 1935 年上涨了 10%，1937 年上半年更是达到了 1935 年的两倍。国内信心大增，国外也跟着信心爆棚。那些因白银风暴流失的国外投资纷纷回流。1936 年，外国在华投资已经达到 34.8 亿美元。

很难想象，假如这种势头和平延续下去，中国经济会是一种怎样的结果。同样很难想象，假如没有这次币改，面对即将到来的日本侵华战争，中国能不能经得起旷日持久的战争考验。所幸，币改成功了，为国民政府带来了滚滚财源，也为后来抗战后勤供应提供了有力支持，甚至在抗战结束后，国库依然有盈余。

在任期间，孔祥熙还有一些改革举措，如税制改革、建立注册会计师体系等。

从很大程度上来说，在当时连年战乱的中国，作为财政部部长，孔祥熙的表现算是相当优异了。然而在后世人的记忆中，他的骂名比他的功名更加出名。

问题究竟出在哪里？

油腻中年“哈哈孔”

以孔祥熙的才干，他不仅仅应该在历史上留下一笔，甚至其形象理应比今天更正向、更光辉才对。他是如何一步步变成“巨贪”的？

事实上，这里面并不存在“一步步”的问题。甚至从一开始，孔祥熙就没有改变过，因为他的行为和心理是极度自洽和一致的。虽然在耶鲁接受了西方的经济学教育，拿到了耶鲁研究院的硕士学位，但在骨子里，孔祥熙依然是一个深受儒家文化影响的旧式山西商人。

打江山，坐江山，君即天下。这在我们看到的“巨贪”身上很常见。在“建功”的过程中，他们不自觉地将所有的成就与“我”合为一体，公私之间并没有明确的边界。

除了钱，孔祥熙没有别的爱好。他不想当英雄，不嗜杀，也没有绯闻，他争夺权势的目的特别单纯，就是为了钱。如果排除钱的因素，我们可以发现，他甚至有点儿蠢萌——在重庆物价飞涨，社会痛恨囤积居奇的时候，他会公开说出“大家不想储蓄的话，可以囤货，操作起来很方便的”这种天真、热心肠又无所忌惮的话来。

只有钱能激起他无穷无尽的热情。只要有钱赚，他就变得尤为精明，丝毫不介意是非对错。他的内心是自洽的。“家国天下”在他这里特别和谐统一。对他来说，他的钱是他的钱，别人的钱也应该变成他的钱——完全没有心理障碍。

除了腮腺炎和望族的故事，孔祥熙几乎不怎么讲自己的童年生活。他对自己穷困的过去有多恐惧，对金钱就有多贪婪。对金钱的渴望，是孔祥熙这一生的主旋律。

前文提到孔祥熙曾极力阻碍胡适赴美上任，其背后的原因还是钱。

当时孔祥熙的亲信在美国主要的任务是为抗战筹钱，也就是向美国政府借款。孔祥熙曾经在给蒋介石的信中提到，之所以借款一事进展缓慢，还是因为中间的回扣太高了，一直谈不拢。

他说得如此义正词严，但如果蒋介石知道孔祥熙本人就是拿回扣的那个人，这中间的滋味就有点儿微妙了——毕竟胡适名声在外，很是妨碍他拿回扣。

孔祥熙发家致富就是从做倒卖铁矿砂的投机生意开始的。手里有了点儿钱，他就想做美孚火油公司在华的代理商。但美孚哪里看得上这个小商人，以没有银行担保为理由拒绝了他。接下来，孔祥熙的操作就有点儿绝了。他回乡找了一群人合股成立了一家银行——裕华银行。然后，他又成立祥记公司，以这家银行的名义为自己做担保，拿下了美孚火油公司在华北区的包销权。

他除了在商业上投机，在政治上也投机。他虽然号称自己是孙中山的忠实追随者，但那时候，他忙着赚钱，根本没空参与辛亥革命。直到武昌起义成功，他才给自己置备了一身军装，组织学生民兵团跑去娘子关参加了半年的革命。

人到中年，孔祥熙收获了一个外号：哈哈孔。

这个外号源于他的英文名“H. H. Kung”，却和他的形象特别地贴切：圆圆的脸，圆圆的身材，戴副圆眼镜，常穿一套定制西服——基本上也就是当时华尔街金融大亨和银行家们的打扮。有时候他也穿长袍马褂，一副和气生财的富家翁模样。

他很少大发脾气。遇到再令他难堪的问题，他也就是哈哈两声混过去。用现在的话说，就是：只要他不尴尬，那么场面就不尴尬。但是一旦开始谈钱，他就有些锋芒毕露了，甚至完全不加掩饰。

1940 年，孔祥熙参加了中国工业合作社的年会。工业合作社简称“工合”，是抗日战争初期为支持战时的军需、民用物资而组织起来的各种工业生产合作基层组织。通过工合，大量闲散工人和难民得以接受培训并就业。当时的工合已经拥有 1 850 个合作社、3 万工人，产值占全国工业产值的百分之一。

孔祥熙当时兼任工合理事长，负责给工合组织拨款。在“孔院长训话”这个环节，孔祥熙先是很随和地表态，随便聊聊，然后就开始皱着眉头，训起在座的所有人，大意是：他看过大家的报告，有点儿诧异。大家干了这么多年，居然完全没有赚钱？前几年，他拿了一笔钱给他的孩子，他孩子不到一年就赚回了两倍的钱。他觉得大家还不懂经营之道，以后要多研究研究。

在场所有人都蒙了，内心浮现的大概都是大写的“WHAT？”（什么？），人们一时之间拿不准，到底是工合组织不赚钱更惊悚，还是孔家大少爷太会赚钱更惊悚。现场一片沉默，没人敢说话。

当时的孔祥熙就是这么嚣张。他对工合组织的事情本来就不感兴趣，要不是宋氏三姐妹施压，他根本不会花精力掺和其中，更何况还要他拨款——这和从孔祥熙自己的口袋里掏钱没什么两样。

当时有句话，叫作“蒋家天下陈家党，宋家姐妹孔家财”。对于孔祥熙来说，国民政府的国库和自己的金库没什么区别。具体怎么操作呢？

当时他是财政部部长，掌握着财政经费的拨付使用权。同时他又是中央银行行长，掌握着印钞票的权力。而作为行政院的副院长，他又有行政经费的使用权。要用钱的时候，孔部长就向孔院长拨款，然后孔院长找了个理由，把钱转进自己账户里。有时候孔家的私人开销，甚至包括买古董、买衣服之类的钱，就直接拿到行政院来报销，他连款项名目都懒得改。公款私用对于孔祥熙来说是最常规的操作，日常到几乎每天都在发生。

孔祥熙的底气来自蒋介石，因为后者也是拿公账当私账，拿国库当自家口袋。只要蒋介石一句话，甚至很多时候都不需要他发话，只要见到蒋介石的图章，孔祥熙看都不看就盖章批准。所以，当时很多人管孔祥熙叫“橡皮图章”。当时有人对孔祥熙不满，孔祥熙特别委屈，觉得人们竟然质疑他自己省吃俭用存下来的钱……

毕竟公账和私账，都是他的。

财富深藏在龙的洞穴

1941 年 12 月，《大公报》爆出了一则新闻。

新闻说，日本侵略香港，国民政府派专机到香港协助撤离，最后一架落地的专机接走的，不是理应被接走的社会名流和知识分子，而是孔祥熙的夫人宋霭龄、女儿孔令伟、几个保姆和几条名贵的洋狗。

这则新闻直接引发了昆明的一场示威游行。愤怒的群众走上街头，要求孔祥熙下台。西南联合大学的学生们走在游行队伍前列，手里举着标语牌，嘴里喊着“打倒孔家店”的口号。当时包含孔祥熙在内的蒋、宋、孔、陈四大家族滥用职权、贪污腐败等行径，已经是天怒人怨。

但直接导致1945年孔祥熙倒台的，还是“鲸吞美金公债”一案。从这个事件里，咱们可以一窥孔祥熙套取巨额财富的手法。

在抗日战争时期，美国人为资助中国抗战，发放了很多对华的美元贷款。有了美元贷款之后，国民政府就以美元为信用依托，发行了大量美元公债。就是政府向老百姓借钱，等到抗战结束后，政府会连本带息还给老百姓，保证老百姓不赔。但在那个时候，一方面民生凋敝，老百姓本身财力有限，买不了太多；另一方面，也是更重要的，大家对国民政府的信用没太大信心，因此公债的发行并不顺利。所有发出去的公债被老百姓真正认筹的大概只有40%，剩下的很多美元公债都被孔祥熙集团据为己有了。

有人会问：怎么据为己有？就没人管吗？美国人也不会同意呀。美国人借钱给中国是为了抗战，结果被某几个人据为己有？

美国人当然不会同意，但是孔祥熙有办法操作。举个例子，刚刚发行美元公债的时候，1美元可换法币20元。而这时候，孔祥熙集团有大量美元公债在手上，想发财，那就必定希望美元能升值。该怎么操作呢？大量印钞票，发行法币。法币超发的最终结果就是法币贬值，而相应地，美元就会升值。本来在最开始的时候是20元法币兑1美元，后来变成了200多元法币才能换得1美元，孔祥熙手上这些美元的价值相当于增加了10倍，这样他就可以在市面上扫货式地购买资产了。

在知晓此事时，8 年来坚持搜证倒孔的傅斯年大怒，拍着桌子大骂孔祥熙：此人非杀不可！

想想看，事情已经到这个地步，孔祥熙应该认怂了吧？并没有。当时孔祥熙借口照顾在美国养病的宋霭龄，滞留在美国不肯回来。蒋介石写了数封信，质询他美国公债一事，他统统矢口否认。这个态度，也是导致蒋介石大怒，最终决定将他撤职的原因之一。

这件事也使得孔祥熙后来在美国的日子并不那么好过。想到自己支持中国政府的钱被孔祥熙偷走一大笔，美国政府也很恼火。在退出中国政治舞台后，孔祥熙跟他的夫人宋霭龄就陆续把他们家的财产转移到美国。而战后的美国人对那种在战争中大发国难财的人其实是无比痛恨的，于是时任美国总统杜鲁门下令，要求彻查四大家族在美国的资产情况。但是查来查去，美国政府发现根本就查不清楚，只能查到一些皮毛。所以他们只能大致估计孔、宋两家在美国的存款规模为 20 亿美元。20 亿美元仅仅是存款，不包括他们在各种产业当中的投资，例如石油、股票、期货、通信；不包括他们从美国东海岸到西海岸各州投资的固定资产，如公寓、别墅、商铺。

20 亿美元在当时是什么概念？那个时候美国一年的军费开支也就 80 多亿美元，意大利一年的军费开支也就 20 多亿美元。

直到今天，无论是中国还是美国，都试图对孔祥熙的个人财富进行统计，但都没能得出一个非常全面且准确的结论。只有一些媒体对他的个人财富做过一些现象性的评价，例如《星岛日报》上就有过这样的描述：孔祥熙的个人及家族财富足够中国的抗日战争再打五年，战后再建设全国一年。

回想孔祥熙第一次踏入美国的时候，他自己是身无分文的，完全依靠教会的资助。

青年孔祥熙刚刚从美国回到山西不久时，他在一封向欧柏林大学汇报铭贤学校情况的信中说：

> 我觉得自己现在就像一个老母亲，把孩子拉扯大了，照看一下家务，坐在安乐椅里享清闲。不过你知道的，我这把椅子，可不怎么舒服。

那时的孔祥熙初出茅庐，得到了众人的赏识。人间的富贵滋味，他还没有机会品尝。

在令人炫目的才华里，孔祥熙开始寻找人生中那把舒服的椅子，在一把把令人眼花缭乱的椅子中换来换去的操作里，孔祥熙最终走向了权力的巅峰，最后以“罪人”的前缀被载入史册。

不知道当老年孔祥熙最终坐到一把安乐椅上的时候，他心里更多的是骄傲还是遗憾。

1967 年 8 月 16 日，孔祥熙因心脏病发作在纽约病逝，时年 87 岁。

听闻巨腐大贪的故事，我们往往会觉得愤慨，恨不得对其往死里批判。但批判总是很容易的，而从中获得启发和警醒却是更难、更有意义的。我们往往会觉得故事的主人公实在是太坏了，道德沦丧，人性崩塌，而我们自己却会高尚得多，所以我们只需要站在道德制高点尽情地批判就好。事实上，我们自己的高尚品质也需要经历人生、实践的检验才会有定论。

一个人的正直高尚程度，取决于他肯为原则付出的牺牲程度。越是资源少的人，越容易坚持原则，因为他们的原则兑价低，反而容易高估自己的品格，低估资源远远多于自己的人的品格。学生最容易正直高尚，因为他们手上没有任何资源，没有油腻的资格，坚持原则不会让他们失去任何东西。

保持初心很难，但并不是不可能做到，更关键的是我们向哪个方向看齐。

吴宓的坚持

不合时宜的天真

尽管被折磨得奄奄一息，

但坚强的普罗米修斯那崇高的精神并未被催垮。

——[德] 施瓦布《希腊神话 · 普罗米修斯》

1961年，吴宓决定趁暑假去广州看望陈寅恪。

其实两年前，吴宓就想去广州了，但当时他因为课堂上随兴的一句“三两犹不够，况二两乎？”被学生和学校认为在讽刺当时中国经济陷入困境、物资缺乏的状况，正在被严厉批判，实在是走不开。因为这句话，吴宓被学校停了课。听说陈寅恪和他一样不能再授课，吴宓很担心。

两年后的这一次，他决心要去，于是写了一封长信给陈寅恪，说自己要去看他，“请通知此行应注意之事项”。

陈寅恪的“旅行指南”很快就到了——他用了速度最快的航空信函，因为要“争取时间速复此函”。在信里，陈寅恪仔细嘱咐吴宓：到了广州之后应该如何乘车、下车、付钱；应该带多少粮票；赶火车最好不要太晚，会麻烦；旅馆条件不太好；晚上有点儿凉；早饭可能不够吃，但他可以帮吴宓买到鸡蛋……

现在读起来，感觉就像大人在指导小孩子出门，事无巨细——对于吴宓的拜访，陈寅恪迫不及待。

一路颠簸后，8月30日夜里12点左右，吴宓终于抵达陈寅恪在中山大学的家，“寅恪兄犹坐待宓来相见”。那时，陈寅恪已失明多年。听到吴宓到来的消息，他拄着拐杖，摸索着慢慢走向这位哈佛大学的同学——相交半个世纪的知己。

那一年，吴宓67岁，陈寅恪71岁。

在广州的这几天是吴宓晚年最愉快的一段时光。两个人互相袒露这几年的经历和自己的思想……犹如在哈佛大学和清华大学一样，真诚而热烈。

吴宓是最爱写日记的了。在日记里，他郑重又慎重地记下了这次相见的情景，对陈寅恪的“中国文化本位论”主张非常认同：“我辈本此信仰，故虽危行言殆，但屹立不动，决不从时俗为转移。”

造了个“神迹”

陈寅恪是吴宓向当时的清华大学校长极力推荐，才得以从美国请回来的。

1919 年至 1921 年，吴宓与陈寅恪、汤用彤在哈佛同窗三年，并称为“哈佛三杰”。三个人要好到什么程度呢？工学院的中国留学生一般不单独骂他们其中一个，总是将三个人合在一起骂。吴宓一度很想不通：大家都是学生，不为名不为利的，他们几个对别人还挺有礼貌的，为何却被别人这么骂？

和同时代的留学生相比，吴宓不是那种特别有朝气、时髦的人。他 40 岁那年，“身兼三主任、五教授”的温源宁在英文杂志《中国评论周报》的专栏里说吴宓“举世无双，见过一次，永生难忘”，相貌“价值连城，怪异得就像一幅漫画”，“是那种从不知晓什么是年龄的人”，“只看外表，从 30 岁到 100 岁，说他多大都可以”。

要说他有多像一幅漫画，就是特别瘦、苍白，脖子“比常人长一半”，“眼睛像是烧红了的两粒煤球”。

不过，在 1925 年，吴宓长得还没有这么惊悚。

那一年，清华大学成立，吴宓任清华大学研究院主任。梁启超人生的最后几年就是在清华度过的。除了梁启超，吴宓还把王国维、陈寅恪、赵元任这样的国学大师都请到了清华大学担任研究院导师，以至于研究院后来一直被叫作“国学研究院”。就这个国学研究院来说，吴宓是绝对的第一功臣。

能邀请王国维加盟，在当时来说，可谓一段佳话。就在不久前，北大校长蔡元培也邀请过王国维。当时的北大是中国当之无愧的第一学府，而且蔡元培主张“兼容并蓄”，使得北大学术氛围非常宽松。王国维若去，一定大有作为。蔡元培兴冲冲去请王国维，却被王国维明确拒绝。轮到时任清华大学国学研究院主任的吴宓跑来邀请时，王国维已经做好了拒绝的准备。蔡元培都说不动他，一个喝洋墨水的又有什么资格请他？

然而吴宓一出场就把王国维惊到了。一见面，吴宓也不多说话，上来就行三鞠躬的大礼。王国维原本以为这位喝过洋墨水的家伙一定是穿西装打领带，上来就握手，没想到这位青年穿长衫，执弟子礼，比一些老学究还恪守传统礼仪。王国维不禁大为感动，立即就答应了吴宓的邀请。

很久以后，王国维回忆起此事时，依然心生感慨。他对吴宓说：“我本不愿意到清华任教，但见你执礼甚恭敬，大受感动，所以才受聘。”

在清华大学国学研究院的这段时间，基本就是吴宓教育事业的顶峰了。吴宓亲自起草了国学研究院的规章制度，申明国学研究院“以研究高深学术、造就专门人才为宗旨”。

可惜的是，1927 年王国维投湖自尽，1929 年梁启超病逝，清华国学研究院的发展不得不暂时中止。这所存在仅 4 年的国学研究院只招收了 70 多名学生，却培养了 50 多位相当有成就的学者，例如历史学家周传儒、考古专家吴其昌、中国现代语言学奠基人之一王力等。在中国教育史上，这是唯一一个可与西南联大比肩的“神迹”。

画家陈丹青为此专门画过一幅《清华国学院》，以记录这一盛况。在画面中，梁启超独占前排 C 位；王国维站中间，陈寅恪、赵元任两位青年翘楚分列左右。最独特的是后排角落中的一位，他又黑又瘦，脸庞在半明半暗间，五官几不可辨，服装的设色与背景接近，仿佛融为一体。这幅画很好地展现了吴宓当时的状态。

1926 年陈寅恪抵达清华大学任教时，吴宓已经受命去担任清华西洋文学系主任了。他结合哈佛大学与中国国情，确立了完善的规章。其课程设置成为后来中国多所大学外文系的样板。

他常常去听大师们讲课，像个学生一样认真做笔记。吴宓深深陶醉于国学课堂：有这群大师坐镇，中国传统文化传承有望了！

学生们觉得他有点儿呆，但认真细致，学问极好，敬佩他的人居多，骂他的人也有。温源宁的评价相对客观，“作为一般意义上的教师，吴先生无可挑剔”，讲课言之有物，极力申明自己的主张，唯一的缺憾就是太古板了。

对于自己没能继续留在心爱的国学研究院，吴宓认为自己是被排挤了。但他弄不明白自己为什么被排挤，因此有些愤懑，隔三岔五就在日记里写：谁谁谁做了什么，谁谁谁说了什么，谁谁谁今天有个什么表情……他们是小人！

一旦他这样想了，第二天他就不会给人好脸色看。可是，如果谁突然对他友善了，他又立刻怀疑起头一天的判断来，认为自己大概是误会那个人了。于是，他又开始想对对方好一点儿。

他就是这么一个敏感又天真的人。温源宁说“他从不吝啬，总是想着要给别人以帮助，却总是被朋友也被敌人误解”，“无论是对他自己还是对整个世界，吴先生都不能相安无事”。

凡胡博士反对的

至于说到吴宓最不能相安无事的，大概就是胡适了。

除了清华国学研究院主任，吴宓还有一个身份：《学衡》杂志的主编。这本杂志公开宣扬的宗旨是：反对白话文运动，维护传统的写作方式。这简直是赤裸裸地和当时胡适等人领导的新文化运动的理念背道而驰。

所以，基本上刚一回国，吴宓的学衡派就和胡适的新文化派杠上了。对双方来说，那都是一场相当英勇的战斗。

有意思的是，新文化派一方除了胡适，其他人不是只在日本留学过就是根本没出过国，而他们的主张却是反对传统，全盘西化。学衡派大多有多年留洋经历，对西方文化知之甚深，却主张维护中国传统文化。新文化派挖传统文化的坟墓，留洋派却为传统文化守江山。

起初，学衡派是相当有自信的。比国学？学衡派个个都有扎实的国学功底。论西学？学衡派主力几乎都有留学经历，而且上过名校，拜过名师。论观点？学衡派客观、理性。比独立性？学衡派不拿工资，不收赞助，全靠各位同人定期捐款。吴宓觉得，无论从哪方面看，这都是必胜之局。

然而他们就是输了。他们不是输给了运气，而是输给了时代。事实上，对吴宓来说，这是一场一开始就注定会输的战斗。

经历了戊戌变法、洋务运动，经历了中国最后一位皇帝的退位……眼睁睁看着军阀崛起，战争不断；政府派系林立，吵闹不休。梁启超他们把西方文明一股脑儿扔进中国年轻人的脑袋里，新一代的年轻人有一种突然醒来的感觉，反叛的火焰在他们的血液里奔涌燃烧。在思想上，他们迫切地想要与过去做切割。

切割的第一刀就是文化。新文化派的口号是：提倡民主，反对专制；提倡科学，反对迷信；提倡新道德，反对旧道德；提倡新文学，反对旧文学。是不是很提气？提倡什么、反对什么，一听就懂，一目了然。在大争之世，要的就是这种鲜明的态度、激烈的表达。

最终，鲁迅的一篇檄文终结了这场论战。他在《估学衡》一文中极其尖刻地说："夫所谓《学衡》者，据我看来，实不过聚在'聚宝之门'左近的几个假古董所放的假毫光。""古董"这个词本来就挺刺耳了，他还说吴宓他们是假古董？发出的还是"假毫光"？一听就冒着酸腐之气，难见天日。

相比于你来我往的唇枪舌剑，这种不屑一顾更加伤士气。学衡派的知识分子难以忍受这种羞辱，变得士气低落，人心涣散。《学衡》杂志开办第二年，一位核心主创人员决然离去，临走时还扔下一句话说《学衡》的内容越来越差，他和它早就没有关系了！

主创一走，形势更差。人员接二连三地离去，再也没人捐钱，连稿子来源都成了问题。最后只剩下吴宓一人还在坚持。没有人手，他就一个人身兼编辑、校对。为了充实版面，他不得不到处求人投稿，直接拒绝者有之，答应了又反悔者有之，还有已经投了稿又把稿子要回去的。

不是没有人愿意投稿，而是吴宓坚持不降低标准，他认为《学衡》不是他一人的，甚至不是杂志社成员的，而是全体中国人的。它是他理想中最完美、最高尚的杂志。如果降低用稿标准，那它和街头小报有什么区别？中国何苦要有这么一份杂志，他这么孤独地坚守又是为了什么？

在随后的数年间，吴宓辗转于各大高校，哪里给的工资高就去哪里，好省下更多的钱去养活《学衡》。他的坚持没有得到任何响应和认可。连陈寅恪都劝他“杂志对社会没什么影响力”，只是“吃力不讨好”。吴宓气坏了，他大概这辈子都没有像恨胡适这样恨过一个人。据说，在一次酒会上，胡适不知死活地去找吴宓聊天问他们学衡派又有什么阴谋，吴宓挤出三个字：“杀胡适！”

配合吴宓那一双如烧红了的煤球的眼睛，想象一下这句话的语气……反正当时在座的人都吓到了。

现在来看这场论战，我们依然很难说哪方的坚持是正确的，哪方又是错误的。新文化运动看起来仅仅是文体的革命，但它其实从思想上解开了禁锢中国人的枷锁。民主、自由、科学等新思想在大众间的普及更为便捷。连梁启超也开始用白话文写作。

但与此同时，更多的人不加分辨地全盘接受西方文化，奉西方文化为至高无上的准则，却忽略了任何一个文明都有其发展的过程。

吴宓希望通过这场战斗，通过自己的坚持，让中国人在接受西方文明时，也要看清其局限性；在摒弃中国传统文化的糟粕时，别忘了它也有先进性。正所谓，不知其来处，便不知其去处。他要勉力护佑的是中国文化在我们灵魂深处的共鸣，不让它在大众中消失。吴宓就像困守孤城的孤军，他的存在本身就是一种态度、一种宣告：传统没死，传承没断。吴宓的这些努力——包括《学衡》和《大公报》文艺副刊——在当时来看，是那么逆潮流，那么不得体，那么孤独，又那么悲壮。

1932 年，昔日学衡派成员不满吴宓“大权独揽”，联合投票罢免了吴宓的职务。吴宓在孤独中坚守，又不得不在孤独中放手。然而继承者们只坚持了不到半年，就决定放弃了。1933 年 7 月，《学衡》彻底停刊。到那一天，吴宓已经苦苦坚守了 12 年。

为人师者，相互辉映

和新文化运动一战，暴露了吴宓一生的弱点——不懂政治。

前文讲孔祥熙时，我提到胡适在政治上的天真。可是，相对于吴宓，胡适已经可以算是一个老到的政治家了。在政治上，吴宓就是一个单纯的“傻白甜”。

吴宓当初去美国，最初的理想是当一名新闻记者。学了一年，他就放弃了。后来他去了哈佛研究院，也花了点儿时间学习政治甚至经济学，但他主要的学习方向还是文学。

他的内心是矛盾的。起初，他的想法是，自己的所有研究都要应政治需要，也就是要为时代、为民众服务，但时代和民众觉得他不合时宜、不得体，他才发现自己不懂政治。此后，他决心完全不碰政治，不加入任何党派，悉心钻研学术。在他看来，只有独立的学者进行独立的研究才能产生有价值的学术成果。在当时那个环境里，这依然是太天真的想法。

在这件事情上，他的导师欧文·白璧德（Irving Babbitt）要负主要“责任”。

吴宓出生在陕西的一个大家族，家庭富裕，所以吴宓从小接受的是良好的传统教育，儒家思想深入骨髓。但到他少年时代，他却正遇上三千年未有之大变局。面对陌生而强大的种种外来事物，吴宓发现自己继承的孔家学说竟然有些力不从心。

他很幸运，赶上了从 1919 年兴起的留学美国的热潮。这波热潮对中国影响深远。留学生中走出了“两岸清华校长”梅贻琦、新文化运动领袖胡适、气象学家竺可桢、语言学家赵元任、中国物理学奠基人叶企孙、桥梁专家茅以升、中国近代力学奠基人周培源、“中国物理学之父”吴大猷、“东方红 1 号”卫星总设计师赵九章、“中国航天之父”钱学森、诺贝尔物理学奖得主杨振宁、“两弹元勋”邓稼先……

这批青年赴美时，中国正处于近代以来的最低谷。山河破碎、神州陆沉，他们都历历在目。因此他们在选择专业时更倾向于实用，农、工、商、矿等马上就可以转化为生产力、战斗力的科目成为首选。据统计，在早期 117 名留学生中，学理工农医者多达 104 人。就连胡适当年的第一选择也是康奈尔大学的农科。可惜这终究不是其天赋所在，苦读一年之后没什么起色，他只好转战文科，才算学有所成，并在日后成为新文化运动的领袖。

然而吴宓的选择与众不同。初到美国，他就在试图探索用西方文化改造中国传统文化的路。他寻思着，把学问学好，回去办报纸、杂志，传播自己与众不同的、属于中国的解决方案。但西方文明给了他当头一棒。当别人看到美国科技发达、富强民主的时候，他看到的却是西方价值观里“金钱至上”、道德被踩在脚下的一面。就像梁启超在1919年游历欧洲时的心路历程那样，吴宓当时的心情也很复杂：东方文明看似没落，西方文明也救不了中国。

此时此刻，白璧德犹如一道光，照得吴宓心里充满了希望。在吴宓一生中，白璧德对他的影响一直不曾褪去。

欧文·白璧德一直在哈佛大学法语系教授比较文学方向的课程，直到1933年去世。白璧德才华横溢、知识渊博。他的代表性著作有《文学与美国大学》《新拉奥孔》《现代法国文学批评大师》《卢梭与浪漫主义》《民主与领袖》等。

吴宓遇到他时，正是白璧德新人文主义学说逐渐成形的时期。白璧德的学说从一开始就备受争议。他认为现代社会之所以物欲横流、道德沦丧，主要是培根的科学功利主义和卢梭的浪漫主义导致的。他提倡恢复古希腊时期的规范、原则和纪律，以传统的文化和道德标准来拯救世界。他的这一主张几乎颠覆了当时的主流思想，在美国掀起了轩然大波。当时正准备攻读新闻学和化学工程的吴宓立刻被其折服，决定投身其门下。

白璧德当时正在研究东方文明，他向吴宓指出：中华文明重在伦理与秩序，但缺乏活力；而西洋文明主张个性张扬但又缺乏节制，双方各有利弊。无论是东方的内敛还是西方的张扬，都应该有“度”。现在的西方就是张扬过了度，而东方是内敛过了度。

把两者很好地融合起来，可能就是未来思想文化发展的方向。

事实上，不仅白璧德，当时有很多美国、欧洲的哲学家，例如罗素等人，都意识到西方文明发展似乎进入了死胡同，试图从东方文明中寻找解决办法。但和白璧德一样，他们都不容于主流文化，一直遭到非议和攻击。

直到白璧德去世后很久，人们才真正去探究他的学说里有价值的内容。客观来看，他的新人文主义学说的总体思想是世界文化，也就是从世界的角度去融合西方和东方文明的精华，以此推动人类文明的进步。但当时吴宓立刻就理解了，他很快就变成了一个虔诚的人文主义者，认为白璧德是“学德山斗”，把他看作与苏格拉底、孔子并肩的“圣人”。

1919 年 7 月 24 日，吴宓写下堪称此生最长的一篇日记。在日记中，他剖明心迹：做学者，深入研究几个课题，发表几篇文章，成为学术大家。生前名利双收，身后享受尊号。这种生活无疑很美好，但这是“自救”之道。“国家社会，种种责任，目前尚有不能放弃者。”他要做的，是传承中国传统文化。具体方法就是创办自己的报刊，向社会宣扬自己的主张，不让传统文化消失在公众视野中，让它融进人们的思想、生活，这才是真正的传承。

他下定决心要通过《学衡》把白璧德的思想介绍到中国，通过《大公报》文艺副刊让人们理解西方古典文学的真谛。

也许在外人看来，那 12 年的坚持是吴宓一个人在战斗，但其实他并不孤独。如果说白璧德是当时在美国的孤独坚守者，那么吴宓就是在中国和白璧德站在一起的人。

1933年，白璧德去世，吴宓大哭。后来，他在日记中写道："宓之崇拜白师……只以是故，非世俗攻诋我者所能知能解也。"

1933年，《学衡》彻底停刊。中国的知识分子们嘲讽吴宓，说他一生中唯一的弱点就是他是"一个人文主义者"，从里到外都充满了人文主义的弱点。

不过，白璧德的其他几位学生就没吴宓那么固执。如梁实秋，就只谈白璧德的文学批评理论。还有一直反对吴宓的林语堂，曾经一度提到白璧德就忍无可忍，只是晚年常常提到"人文主义"，以此来表达自己对于世界文化的构想。

钱锺书你的意见呢？

尽管当时中国热情的知识分子们对吴宓毫不留情地嘲讽，但他们也承认，吴宓是一个很好的朋友。吴宓人缘不错，大概一方面是因为他热衷于帮助人，从不吝啬，另一方面是由于他那种发自内心的天真，让人实在是对他恨不起来。温源宁就说他其实"是个彻头彻尾的浪漫主义者"，"真诚，表里如一，他让每一个人都看到了这一点，却只有他自己没看到"。

吴宓爱慕过众多女性，和毛彦文、陈心一的感情纠葛贯穿了他的一生。为了追求毛彦文，他几乎见一个人就讲一次他的想法，私下跟朋友们讲，课堂上跟学生们讲，甚至跑到报纸上讲。朋友们看不下去了，怂恿金岳霖去劝他。金岳霖也不善于劝说，他对吴宓说：“你的爱情是你的私事，私事是不应该宣传的。我们天天上厕所，可我们并不宣传。”结果被吴宓大骂一通说：“我的爱情不是上厕所！”

他的学生钱锺书也曾经用“浪漫主义者”来形容吴宓，当时这件事深深地刺痛了吴宓敏感的心。当时温源宁邀请钱锺书为《吴宓诗集》写书评。钱锺书在英国留学，正是需要精进学业的时候。他自认“英文颇有进境，可以写出更漂亮的好文章”，因此他开始拿吴宓的“感情史”和他的“新人文主义”作为调侃对象，肆意挥洒，嘲弄讥讽。写完之后他很得意，还寄给吴宓看，叮嘱吴老师一个字也不要改。吴宓看到后既伤心又愤怒，也不去跟钱锺书吵架，就在日记里写：

> 该文内容，对宓备致讥诋，极尖酸刻薄之致，而又引经据典，自诩渊博……又按钱锺书君，功成名就，得意欢乐，而如此对宓，犹复谬托恭敬，自称赞扬宓之优点，使亦尤深愤……

温源宁大概也觉得太过分了，最终没有登载这篇书评。不过，吴宓也因此很多年没有理睬钱锺书——要知道，吴宓是很喜欢这个学生的。在清华大学的时候，他每次讲到得意的地方，都要问："钱锺书你的意见呢？"

吴宓讲课非常有趣，学生们都爱听。特别是讲《红楼梦》时，他能一个人演绎宝玉、黛玉、贾母等人物，绘声绘色，声情并茂。据说每到他讲课，听讲的人多得凳子都不够用。吴宓便会跑去找些凳子来，让学生们坐下听。他说自己就是紫娟，还特地写了一篇关于紫娟的研究论述。但陈寅恪说他其实是妙玉，他有点儿高兴又不好意思地默认了。

在他的讲桌前，除了钱锺书，还走出了诗人兼翻译家穆旦、《雷雨》的作者曹禺、《现代汉语词典》的主编吕叔湘……这些人既有深厚的国学功底，又有西方学术的历练。他们继承了吴宓的遗志，成为传承中国传统文化的主力。当他们也垂垂老去的时候，中国传统文化又由他们的传人继往开来。吴宓当年"熔铸东西、全民普及"的梦想，在他们手上一点一点化成了现实。

1949 年新中国成立的时候，吴宓拒绝了去美国执教的机会、拒绝了台湾的邀请、拒绝了香港某大学的邀请，选择留在重庆的西南师范大学当了一名老师——一个远离政治中心的地方。"宓自己决定，不问祸福如何，我决定不到外国去。"

而在 20 世纪六七十年代的那场动荡当中，吴宓为自己的学说、信仰，承受了一生最大的考验。

在那个特殊年代，对待传统文化的主流态度是极端的，甚至主张暴力摧毁。而吴宓始终主张：传统的东西是有价值的，应该取其精华，发扬光大。

> 我的实质就是认为中国的传统文化极具价值，应当保存发扬光大，在任何的政治统治和社会制度之下，都应该尽量多地去保存。

和以前相比，他已经“成熟”了很多，但有时候他还是会展示出不合时宜的天真。就在他说这段话的时候，中国到处都在“批孔”“除四旧”，不难想见他的这些观点、这种执着，会给他自己带来多大的灾难。

他的学生季羡林先生听了他的遭遇之后，说了这么一段话：

> 他当然不会幸免……我对此丝毫也不会感到奇怪，以他那种奇特的特立独行的性格，他决不会投机说谎，决不会媚俗取巧，受到折磨，倒是合乎规律的。

但即使在那个时候，吴宓还在日记里自责没有去帮助朋友：1951 年，张宗芬疯了，他还能倾力相助帮她治病，保护她的子女。但现在他的好朋友疯了，他甚至都不敢前去看望，也不能为他请医生治疗。可见自己老了，胆子也小了。“自视实毫无人格，有生如死者矣。”

然而他错了，他已给世人留下了无可替代的人格魅力。

1971年，吴宓被送往梁平县接受劳动改造。他仍然挂念着这么多年来音信全无的陈寅恪。思念与痛苦折磨着他，他终于忍不住，给中山大学革命委员会写了一封信，询问陈寅恪夫妇的情况——这也是那段时间里吴宓唯一通过审查寄出去的信。在信里，他小心地问：能否请陈夫人回信？

他没有得到回信。他不知道，在他写信的时候，陈寅恪夫妇已经离世一年多了。

1976年，已经82岁的吴宓因为腿部残疾，一只眼睛患白内障近乎失明，卧床不起。在家人的一再申请下，他所在的学院终于同意家人把他接回家乡。60年前，他就是从这里出发去往清华园，又从清华园去往美国的。从美国归来，他又在中国各地辗转。直到这时，他才有机会回到家乡。

吴宓围着世界画了一个圈，他从这里开始，也在这里终结。只是去时的明朗少年，归来时已是身残心碎。

终于，那场动荡结束了，全国范围内恢复了高考。吴宓的外孙女也开始努力学习，准备参加高考。吴宓问外孙女，学校有没有老师教他们说外语，外孙女回答说没有。

吴宓问为什么没有，因为他听说高考会涉及这方面内容。

外孙女回答说因为没有人能教他们，学校的老师都不懂外语。

这个时候，吴宓颤颤巍巍、非常激动地说他可以教他们，他懂外语，可以去他们学校当老师。

事实上，那已经是吴宓人生的最后一年了。

1978 年 1 月 17 日，吴宓去世，享年 84 岁。

纵观吴宓先生的一生，他似乎一直在和主流唱反调。

当人人都在仰慕西方文化时，他却在质疑其中的弊端。当新文化运动如火如荼时，他为倡导中西文化融合而奔走呼号。当集体狂热“破四旧”时，他在为保护中国传统文化大声疾呼。

今天，吴宓的形象已经在时光流逝中日渐模糊，只剩下一个不合时宜、不识时务、孤寂、落寞的背影。人们不明白，吴宓这一生到底在坚持什么，又为什么坚持。

其实一切答案都在 1922 年吴宓亲手撰写的《学衡》发刊词中：“吾国文化，有可与日月争光之价值。”

唐绍仪的孤独与坚守

生不逢时的谈判专家

事能知足心常惬，

人到无求品自高。

——唐氏家训

1938 年 9 月 30 日上午，上海法租界福开森路（现武康路）树木成荫，街道安静，偶有行人经过。

突然，一栋小房子的门被打开了。一个高大的男人走了出来，施施然离开。

没过多久，大门再次被打开，一群人神色慌张，匆匆忙忙将一个受伤的老人抬上汽车，呼啸而去。伤者被送往广慈医院（现上海瑞金医院）抢救。但老人因头部遭受重创，伤势过重，当天下午在医院去世了。

被刺杀的老人正是清朝二品大员、民国元老、中国第三代外交家——唐绍仪。

唐绍仪的遇刺震惊了整个上海。在上海的法国官员立刻展开地毯式的搜索，当天晚上即逮捕了 9 名嫌犯。后来证实，国民党军统特务赵理君收买了唐家的一位常客，以古董商人送货上门的名义进入唐宅，实施了刺杀。

第二天，蒋介石在日记上写道：

> 唐绍仪在沪毙命，实为革命党除一大奸……总理一生，在政治上之大敌，我党革命之障碍，以唐奸为最也。

然而，庆幸自己的政敌终于死了，恐怕才是蒋介石当时真实的心情。唐绍仪虽然坚持待在沦陷的上海，态度不明，但他并未真正投向日本方面。所谓“大奸”实在太冤枉。

这个悲惨的结局，必然不会是12岁就踏上远赴美国求学之路的唐绍仪所能想象到的。

1874年秋天，12岁的唐绍仪作为第三批赴美幼童之一，踏上了人生的征程。起程前，唐绍仪和同行的同学拍了张照片。小小少年样貌俊朗清秀，穿了件质地良好的袍子，表情严肃地面对着镜头。对于大洋彼岸的世界，他很自信，无所畏惧。

唐绍仪这朵璀璨的浪花，即将涌进属于他的大海，掀起滔天巨浪。

唐家湾的孩子

和大部分赴美幼童不同的是，唐绍仪并非贫寒家庭的孩子。他出身买办家庭，称得上富二代。

他出生于唐家湾。唐家湾过去属于中山，后划归珠海。那是珠江口西侧一处山地上的小山村，站在制高点上，天气晴好时可以远眺珠江口。唐家湾脚下的海面叫作伶仃洋，是进出广州的水上通道。来往的船只都会在伶仃洋西侧的小岛上休整，最多的时候，能有50多艘西洋船只围着小岛停泊。

今天的唐家湾有个令人羡慕的称号——“与近代文明伴生的中国南海第一湾”。中国近代史的许多大事都与唐家湾有关，唐家湾也为中国近代史贡献了许许多多风云人物，唐绍仪的族叔唐廷枢就是其中一位。

唐廷枢是容闳的校友，曾因“英语说得像英国人一样”成为香港海关总翻译，后又因卓越的经商能力被怡和洋行看中，加入成为买办。

而当时容闳正在大力推行幼童留美计划，因缺乏生源回到广东寻找合适的幼童。唐廷枢向他推荐了自己的族人，其中就包括唐绍仪。

唐绍仪的父亲唐巨川在上海经营茶叶生意。1840年上海开埠后，唐家的很多族人开始北上，辛苦经营，包揽了上海大部分的茶叶出口生意。他们大多先是开茶栈，又成为买办。

说到买办，当时对买办的要求可是很高的：需要精通外语、贸易，要既懂西方环境，又要熟悉国内环境。用现在的话说，要是复合型人才。

唐绍仪的父亲了解西方，不似当时的中国人一般，把西方想象成充满了妖魔鬼怪的地方。在与西洋人的交往中，他敏锐地意识到要想跟上世界潮流，就必须学习洋务。因此唐绍仪很小就被父亲带往上海，学习西方语言和文化。

按今天的标准，唐绍仪真的是赢在了起跑线上：老爸是大老板，族叔是大富翁，在一线城市有产业，在贵族学校附近有学区房。

所以说，所谓的起跑线不是送孩子去上各种补习班，而是父母自己的水平。对于孩子来说，真正的起跑线是父母为孩子打造的原生家庭环境和成长环境。

就当时来说，家族是对下一代最具影响力的。

这也是为什么一些特定的人才总会在一个地区扎堆出现。中国历史上一个很典型的现象就是“南方出才子，北方出皇帝”。一种精神气质在当地积累、沉淀、渗透、传承，就形成了当地独有的地域性格。比如江浙人的“闯荡”、福建人的“爱拼才会赢”，而广东人则是开放、务实。唐绍仪沐浴在这样的氛围中，加上本人聪明好学，简直就是为幼童留美计划定制的人选。

1871 年，唐绍仪进入上海出洋预备学校接受语言训练。1874 年秋天前往美国。他先是居住在美国家庭，进入当地中学就读。他的学习能力非常强，又肯下功夫。中学毕业后，他先后进入哥伦比亚大学及纽约大学学习。

然而，容闳的留学计划遭到守旧派的反扑，仅仅做了 4 期就不幸夭折。1881 年，清政府总理衙门决定撤销留美教育处。唐绍仪的学业夭折，于当年夏秋间回到中国。他在美求学时间仅 7 年，没能取得学士学位。但唐绍仪在这几年里和寄宿的美国家庭结下了深厚的友谊。多年后，他将自己的几个侄子送往美国接受教育，也是托寄宿家庭照料。

外交才华崭露

唐绍仪回国后，曾和其他回国的小伙伴一样，在天津北洋水师学堂继续上学。不过他的家庭背景够强大，远大的前程正在等着他。

正当詹天佑在福建水师的军舰上搬炮弹的时候，唐绍仪开始进入官场，展现出他的外交才华。

在后来的16年里，他在朝鲜任职，与袁世凯合作得相当愉快。甚至有传言称他与袁世凯的感情好到两人成了结拜兄弟。有段时间，袁世凯奉调回国，唐绍仪独撑大局，扛住了日本、俄国的各种明枪暗箭，把朝鲜治理得井井有条。

他这段时间的工作受到了英美等国外交官的关注，袁世凯更是对他非常欣赏。到1898年离开朝鲜时，唐绍仪已经从跟班晋升为三品大员了。

唐绍仪之所以能成为清末民初外交战略家，其在朝鲜的经历必不可少。当时他已经可以用国际化的眼光去处理朝鲜事务了，并展露出卓越的外交能力。

回国后，他曾协助袁世凯处理山西教案赔款事宜，成功地使德、英、美、法籍传教士同意降低赔款金额。其中，法国主教原先坚持的84万两白银赔款，在他的折冲下，最后竟以17.9万两白银结案。还记得有谁从这笔赔款中获益吗？孔祥熙。他回国后的建校资金中就有这笔钱。

此后，唐绍仪升为天津海关道。这会儿正是八国联军侵占天津的时候，他差点儿被英军处决。他的妻子和一个孩子去世了，还有一个孩子受了轻伤，而他本人也一度遭受监禁。但唐绍仪仍竭力争取，利用各国之间的矛盾最终从列强手中收回了天津的行政权。

在铁路、矿产、渔林等问题上，他分别与英、德等国交涉，为中国收回了部分主权和利益……后来他通过整顿变更了海关行政管辖权，将海关由“外务”转回“内务”，收回海关行政权、用人权，切断了外国人干涉中国外交事务的途径，维护了中国主权的完整。

中国的海关税务竟然由一位英国人长期掌控，这件事现在看来简直不可思议。然而外国列强们却认为这理所当然——你们的借款不就是由你们的税务来担保的吗？

英国政府长期通过时任天津总税务司的罗伯特·赫德（Robert Hart）干涉中国的外交事务。唐绍仪在朝鲜的时候，英国政府就干过这件事，这让他一直很不高兴。

一位曾在海关任职的英国人认为：“具有他这种才智的中国人憎恶他们的海关方式——一个中国机构，却被置于外国压力之下，被用于维护外国利益，而非维护中国的利益。”

1906年，唐绍仪发现机会来了，于是他利用英国新旧两位大使交接的空档，在户部下设税务处，把海关总税务司在外务部的管辖权转到税务处，并宣布，总税务司的所有决定都要由税务处的主管同意。他做这些是有理有据的：为了提升海关的效率，所以需要改善管理。

赫德有点儿蒙，他还没弄清楚到底发生了什么事情。

英国代理大使向唐绍仪抗议，认为他这样做不对，他得站在英国政府的立场上考虑，要保证总税务司的职权范围不发生任何变化。

一个中国的机构变动，要中国政府站在英国立场上去考虑？这难道不是莫名其妙、匪夷所思吗？

然而，唐绍仪很淡定：哪有什么变化？下一任总税务司还会是英国人。赫德自己能力不行，还不让有才干的中国人加入海关？毕竟，中国也想保证向英国的借款能快点儿还清。

英方表示，提升效率很好。中国人才当然可以加入海关，赫德同意就行。另外，英国总税务司的职权范围要保持不变，并要求唐绍仪将相关内容写下来，告知所有国家。

唐绍仪表示他会告知赫德，但此事与其他国家无关，不必公开。

英方仍坚持让唐绍仪写下来。

唐绍仪说他会口头上跟赫德说，让赫德写下来。

总之，他就是不肯写下“职权范围不变”，并坚持在正式文件中用“改善”（improvements）而不用“改革”（reform），以此避免激怒列强。事实上，海关总税务司的任何行动都要获得税务处的同意。越来越多的中国人在海关的机密或非机密部门任职，实际上就是在收回海关的行政权力。

更重要的是，这一变动在维护中国主权完整上具有重大的意义，为中国政府完全收回海关权奠定了法理上的基础：海关将不再拥有独立性和特殊性，它只是中国政府的一个部门。

当时的英国驻中国大使朱尔典（John Newell Jordan）尤为佩服唐绍仪，他指责伦敦《泰晤士报》称呼唐绍仪为“此人”（this man）太不尊重人。他认为唐绍仪是一位绅士，地位举足轻重，为人慷慨，待人真诚，是位不可多得的廉洁清官。

而跟唐绍仪打交道多年的赫德对他的外交手腕有深刻的印象：“唐氏在朝鲜即跟随袁氏，非常能干，惟对外人却极其尖酸刻薄之能事。”他建议英国政府对唐绍仪严加防范，不要给他出招的机会。但他也承认，从中国的立场来看，唐绍仪“是相当合适的”。

事实上，唐绍仪在处理西藏主权这件事上，早就给英国政府留下了极为深刻的印象。

坚守主权底线

负责西藏问题，对于唐绍仪来说既是对他此前外交能力的认可，也是他遭遇的第一次真正的考验。

1904年，英国入侵西藏，攻占了拉萨，并和地方代表签订《拉萨条约》。条约规定：未经英国允许，不许任何国家干涉西藏事务，也不许任何国家派人进西藏。这意味着西藏不再属于中国。

消息传来，举国震动。清政府立刻宣布不承认《拉萨条约》。到底是有了一定的外交经验，清政府这次对关键点把握得很准：清政府是当时中国唯一合法政府，西藏地方代表无权在条约上签字。

然而，大清的力量早已被掏空，不可能用武力制止英国。唯一的办法就是开启谈判，签一份新条约把利益争取回来。但是这个度太难把握了：既要英国吐出既得利益，又要确保英国不会被激怒，还要让其他列强死心。就算在今天，这也是一个十分艰巨的任务。

通过英国驻印度政府，英国先是以唐绍仪级别不够为由拒绝谈判，此后又以讨论谈判地点来拖延。按道理来说，面对国内外的压力，清政府应该是最着急的，但是唐绍仪却不慌不忙，并不急着出发。

唐绍仪深谙谈判技巧。谈判的因素包括谈判技巧和谈判人员的心理素质，以及最重要的——掌握对方的底牌。既要知道对方想要什么，又要知道对方不想要什么。

他跟英国谈判代表说：他现在只有中文版的《拉萨条约》，请英国代表把英文版的发给他。

英国谈判代表说：他们还有些条款要修订，英文版就先不给他看了。

再三交涉之下，英国外务部才让谈判代表直接把《拉萨条约》英文版和修订过的版本给唐绍仪。

现在来看，同一份协议，谈判的一方竟然会不给另一方看英文版？这种谈判很荒诞，这个头开得就很不妙。

果然，当年 3 月唐绍仪抵达加尔各答时，当时的英国驻印度总督态度蛮横，让他快点儿签字，并表示他们没什么好谈的，他们是不会改条约的。

唐绍仪拒绝签字。不仅如此，他还提交了一份新的协议草案。其中，最为重要的是英国须承认中国为西藏的“主权国”（sovereignty），而非“宗主国”（suzerainty）。这就是唐绍仪坚持要看英文版的原因，懂英文的优势就显示出来了。

唐绍仪坚持中国对西藏拥有主权，英方当然不同意。唐绍仪决定“以退为进”：他在印度待得太久了，脚上的病越来越严重，肿得不像样子，他要回国了，不和英国人谈了。

回国后，他又使了一记妙招，建议清政府把《拉萨条约》中西藏该付的赔款付了，让英国尽快从战略要地春丕撤军。这把那位印度总督气得直跳脚，写信大骂说他这样就是在宣布中国对西藏是有主权的！英国不同意！

没过多久，英国政府改组，撤换了态度强硬的印度总督，换成了英国驻华公使，谈判地点也换成中方的主场北京。这一次，唐绍仪巧妙地施展了他的文字天分：既不提“宗主国”也不提“主权国”，而于其他条款中间接表示中国对西藏具有主权。

1906 年 4 月 27 日，《中英续订藏印条约》签订。尽管条约中没有明确说明中国对西藏的主权地位，但内容实际上间接承认了中国对西藏的主权。唐绍仪一看条约既然签订，又向英方发了一封照会，声明：条约中所提到的“外国”“他国”是包括英国在内的，不包括中国。

唐绍仪与英方签订的《中英续订藏印条约》成为中国加强在西藏的主权地位的关键性因素。

当然，英国对西藏并没有死心。1913 年，英国又挑起一轮西藏问题的谈判。这次代表中国去谈判的是唐绍仪的女婿顾维钧。在老岳父打下的基础上，顾维钧成功阻止了英国的企图。

到“二战”末期的 1943 年，英国还在暗中支持西藏分裂势力闹独立，丘吉尔还在中美英三方会谈上说西藏是独立国家，遭到宋子文的强烈反驳：“西藏是中国的领土，哪里是什么独立国家？”丘吉尔有点儿尴尬，辩解说中国在西藏地区没有实权。这一下，连罗斯福都看不下去了，说：“有没有实权和你英国有什么关系？”丘吉尔哑口无言。

主权在握，就是这么理直气壮。

与袁世凯决裂

唐绍仪在晚清时的游刃有余，与袁世凯在清政府的权势密不可分。事实上，唐绍仪一生总是依附在某一位强者的背后。这让他的事业达到了前两代外交官从未达到的高度，也注定了他会有一个悲剧结局。

1911 年的第一次南北和谈是唐绍仪事业的高光时刻，同样也埋下了他与袁世凯决裂的导火索。

当时，中国南北方达成了一种微妙的平衡。如果只论战斗力，袁世凯的北洋军甩革命军几条街。但是袁世凯的背后却是一个行将没落的王朝，没有希望，没有未来。如果不能妥善解决这次冲突，中国恐怕会再出现一次南北朝。最好的结局就是南北议和，让南北实现统一，共同打造一个新中国。

两边都是成熟的政治家，不约而同地选择了和谈。更重要的是，当时列强紧盯着我们，如果不和谈或者和谈失败，外国人的手必然将立刻伸进来，干涉调停。事实上，在整个和谈期间，六国政府就不停地发照会，督促双方“尽快达成协议”。

临行前，袁世凯对北方谈判代表唐绍仪反复强调：什么都可以谈，但“民主共和”什么的绝对不可以。

而南方代表伍廷芳最担心的就是北方代表不接受共和理念，如果没有这个基础，那么和谈从根子上就不成立。

没想到北方代表唐绍仪第一时间就表示完全接受共和理念。

在他出发前，英国记者去北京车站送行时，唐绍仪就公开表示：唯一的解决办法是建立共和政体。当时《泰晤士报》一位记者还得知，在去上海的火车上，唐绍仪就在“卧车四号房中剪了辫子”。因此，当唐绍仪抵达上海时，他没穿清朝官服，而是一身西洋人的装扮。在一位记者披露的未记录的对话中，唐绍仪直接表示：“就个人而论，本人倾向共和。此乃解决当前危机之唯一办法。”

北洋派主张“拥袁共和”，意思是新国家要以袁世凯为领导。但是在唐绍仪看来，这都不是事儿。拥不拥袁是次要的，共和才是根本。如果大家拥护共和，这次和谈不提拥袁，袁世凯也能当上大总统。可如果不能实现共和，新国家根本就不能建立，中国将永无宁日，袁世凯到哪里去当大总统？

对唐绍仪来说，能不打仗就不要打仗，他内心的一个更高的理想是维护国家的完整。

在英国记者的记录中，唐绍仪向伍廷芳提到，未来的共和制国家千万不要忽略了包括"满、蒙、藏及其他领土之完整"。这反而是当时南方政府尚未考虑到的。伍廷芳回答："我方并未声言完整之领土，仅提联合之十八省。"

唐绍仪暂时放下了这一分歧，依然以推进和谈为首要任务。在唐绍仪的推动下，和谈进行得非常顺利，中国避免了一次陷入分裂的危机，真正进入"共和时代"。在整个议和过程中，唐绍仪并未因为自己拥护共和的主张而渎职，还是尽力为清政府争取到皇帝退位后的优厚待遇。

如果说孙中山教会了中国共和的理念，黄兴奠定了共和的基础，那么唐绍仪就是关键时刻的关键推手。这番关键举动，来自他一贯坚持的务实理念。在议和过程中，他若不在实行共和问题上与伍廷芳有一定的共识，议和势必更为困难，中国建立共和政体将遥遥无期。

然而，这将是唐绍仪最后一次的高光时刻。

没过多久，共和政府成立，他担任了中国历史上第一任内阁总理——他一生中最高的职位。但很快，他便与袁世凯彻底决裂。决裂的核心原因是袁世凯要实行总统责任制，但唐绍仪想实行内阁责任制。简单来说就是袁世凯想自己说了算，但唐绍仪想钳制袁世凯的权力。

但无论如何，我国至少在形式上暂时统一了。唐绍仪觉得自己的政治理想要实现了。公平来说，在那短暂的两个半月里，唐绍仪的内阁确实呈现了一派欣欣向荣的新气象。他甚至还借鉴西方的方式，设立了一个新闻记者招待所，召开新闻发布会，以接受公民的监督。他在这段时间里，坚持“务贵新不贵旧”，启用了很多如顾维钧般受过西方教育的新式人才，也为后来我国的发展打下了很好的基础。

然而，他并未意识到自己的这一套做法已经深受袁世凯厌弃。事实上，在当时北洋政府的人的记忆中，两人几乎每天都在争吵不休。他更没有意识到的是，一旦袁世凯开始不支持他，无论是他的外交事务还是总理事务都会变得特别尴尬。起初，袁世凯只是不支持他。在唐绍仪因为“四国借款”得罪外国财团，被外国财团评价为“最不明智且最缺乏政治家风范的一项行为”时，袁世凯不但没支持他，还故意在外国大使面前语调悲伤地谈论唐绍仪。后来，袁世凯公然违背南北和谈时确立的《临时约法》。再然后，他就对内阁下手了。不到三个月，袁世凯就彻底瓦解了唐绍仪的“混合内阁”。

唐绍仪只能辞职。此后，他基本不再出现在政治的核心圈子中。

夹缝间的理想

离开袁世凯后，唐绍仪投靠了孙中山。此后，他就开始辗转在不同的军事强人之间。然而，脱离了袁世凯的庇护后，完全没有势力的唐绍仪再也无法在军阀政治中发挥举足轻重的影响力。

作为著名的外交家和中国第一任内阁总理，他的行动还是一直备受国内外关注的。这期间，他也没有停止发表自己的看法，尤为关注外交事务——在巴黎和会时，他还特地发电报给顾维钧，要求他拒绝在和约上签字。

其间，唐绍仪也有东山再起的想法，但要么是被某军阀反对，要么就是不符合他的理想。

唐绍仪的前半生都在为维护中国的主权和统一而努力。但在退出政坛后，他变成了一个绝对的和平主义者。

在近代史上，唐绍仪最被人诟病的行为就是爱劝退。

辛亥革命后，他劝清帝退位。民国成立后，他眼见袁世凯胡来，又劝袁世凯退位。袁世凯倒台后，继位的段祺瑞搞独裁，他又劝段祺瑞退位。百般劝说无果后，他转往南方和孙中山合作。不料孙中山也要组建军政府，他就又劝孙中山退位。

后来，看到蒋介石权力太膨胀，他又纠合一群老头劝蒋介石退位。不仅如此，他还联合粤系军阀差点儿让广东独立于南京政府。这也是蒋介石叫他“唐奸”的原因。

仔细梳理，我们就会发现一条规律：除了清帝，其他被唐绍仪劝退的都是军事强人，包括孙中山——因为当时他要建立“军政府”。凡是沾“军”字的，唐绍仪就会高度警惕，他甚至不允许谈判桌上有军阀的位置。

然而，此时的中国军阀割据，没有任何力量可以制衡，唯有枪才是力量的保证。唐绍仪内心很清楚这一点。这也是他不断地依附在军事强人背后的原因。他指望能有一个人看到他的内心，帮助他实现自己的政治理想——一个和平的西方民主国家。可惜，军事强人们都只是在利用他的名望。

他的好友、美国前总统胡佛在自己的回忆录中说：“唐绍仪为人正直，有才干，对中国的未来怀有远大的抱负。”但这位有远大抱负的人只能在一个旋涡和下一个旋涡中呼喊。

他太渴望让人们知道和平的好处了，然而没有人理睬——不是没有人理解，而是大家都知道这不可能实现。他如此急切，一度还想用自己的事例去告诉大家，一个没有战争的西方民主国家到底是什么样子的。

1931 年，唐绍仪开始担任中山县（今中山市）县长。他积极推行地方自治，兴建无税口岸，提倡实业，大力发展金融及交通事业。同时，他还加强农村建设，发展农林渔业、文教卫生、社会福利等事业。在他担任县长的三年里，中山县发展卓有成效，积累了大量的财富，最终却被唐绍仪依附的军阀一口吞下，成了军队的“口粮”。唐绍仪自己也被军阀发起的一场军队哗变赶下了台。

他长于谈判与调和，认为什么问题都可以用谈判来解决。为了促进第二次南北和谈继续，他甚至挪用自己创业的金星人寿保险公司的资金来支持南方代表。然而，和谈仍然失败了——南北两方军阀根本没有把和谈放在心上。就像他曾在朝鲜的最后时光一样，当大势已去，所有的谈判技巧都不足以左右时代的变化。

他喜欢交游，周旋在各派势力之间，小心地维持着平衡。然而结果是他和谁都若即若离、非敌非友，于是谁也不拿他当自己人。当时的革命派报纸《民立报》评论他："唐之为人，京官排挤者甚多。"

在那个时代，他太孤独了。最后，他的声音越来越微弱。这是他的悲剧，也是时代的悲剧。

当1937年日军大规模袭来时，唐绍仪依旧在为中日议和而努力。在他看来，这不过是中日长期冲突中比较剧烈的一次。在过去的数十年间，他光是处理和日本的冲突就有好几次。他在政治事业上的第一次大成就就是在朝鲜扛住了日本的明枪暗箭。之后袁世凯在对日本关系上昏着迭出，他也都经历过，甚至亲手处理过。这一次难道就处理不了吗？只要威望仍在，只要自己的谈判和调和能力仍在，他就能让中国恢复和平。他甚至为想象中的和谈定下了基调：建立一个自主的独立政府，日军退兵，废除《何梅协定》《塘沽协定》等不平等协议。

当日本炮制"南唐北吴"计划，打算让他出任傀儡政权的总统时，他依然态度暧昧。几乎所有人都在劝他离开是非之地，他却置若罔闻。

在那个时代，我们必须承认，只要还有一线和谈机会，能制止战争，我们就不能放弃获得和平的希望。如果仅从这点上说，唐绍仪并没有错。但是抗日战争不同。不管是他还是当时的国民党高层，乃至其他列强的领袖，都错估了中日战争的意义。

当时唯一保持清醒，认识到抗日战争意义的，只有毛泽东。他在《论持久战》中明确指出："中日战争不是任何别的战争，乃是半殖民地半封建的中国和帝国主义的日本之间在二十世纪三十年代进行的一个决死的战争。"[①] 这场战争，从一开始就决定了最终结局：不可调和，不可妥协。唯有一方倒下，战争才能终结。

当唐绍仪被自己的执念绑架时，他悲剧的命运就已经注定了。唐绍仪此刻还不知道，如果自己再不就范，日本特务机关的下一步行动就是绑票，直接把他绑到南京，成为第二个溥仪。伪满洲国的惨痛教训就在眼前，国民政府决不允许再出现一个"伪满洲国"。

最终，戴笠发下"锄奸令"。一把斧头劈在了唐绍仪头上。唐绍仪伤重不治身亡，时年 76 岁。

唐绍仪走了，带着无尽的屈辱和遗憾走了。

作为中国第三代外交家，后来者皆尊称他为"少川老大"，

① 毛泽东 . 毛泽东选集［M］. 北京：人民出版社，1968：415.

并执之以前辈之礼。

然而时不我与。清政府的腐朽、国力的衰弱，以及后来动荡不安的时局，已非一个人的外交才能所能掌控。总的来说，他努力之后的成果实际上相当有限。

不过，他的努力为第四代民国外交家铺好了一条从列强手中继续收回主权的康庄大道。他起用新人，为第四代外交家打下了基础。他亲手发掘的一位青年才俊继承了他未竟的事业。这位青年循着唐绍仪的脚步从海外归来，又循着他的脚步踏上外争国权的战场。这位年轻人就是顾维钧。当唐绍仪的浪花消逝在海面上时，顾维钧正从海面涌起，并化成一座灯塔，为中国外交事业指明前程。

顾维钧的『二八法则』

职业外交家崛起

"宁为玉碎，不为瓦全"，

在外交上却不能接受这条成语的，

因为国家是不能任其破碎的。

——顾维钧

1918 年 12 月，就在动身准备去巴黎之前，顾维钧被美国总统托马斯·伍德罗·威尔逊召见了。

当时顾维钧任中国驻华盛顿公使，只有 30 岁，个子不太高，但风度翩翩，个性鲜明而强硬。

那一天，顾维钧和威尔逊的会面愉快而友好。听说顾维钧也将代表中国政府参加巴黎和会时，威尔逊甚至非常友善地提出建议，让他和美国人搭乘同一条船去法国。顾维钧觉得这一切都是好兆头，他完全相信美国会在巴黎和会上支持中国。

顾维钧本来不想去巴黎。就在两个月前，他的妻子——唐绍仪之女唐宝玥感染流感，不治去世，给他留下一儿一女。

但是这一次会议太重要了。这是自鸦片战争以来，中国第一次以战胜国的身份站在国际舞台上。

在这一次战争中，中国派了大约 10 万劳工到法国战场上挖掘和维护西线战壕。许多中国人客死他乡。因此，当战争结束的消息传到中国时，政府决定放假三天。6 万人参加了北京的胜利大游行，气氛高涨，人们还砸坏了一位德国外交官的纪念碑。

中国希望世界能重新认识自己，彻底解决同其他国家的关系问题。最终，顾维钧还是决定将子女留在美国，孤身一人去了巴黎。

这是他在国际外交舞台上的第一次正式亮相，由此一举成名。

从中国近代外交史来看，巴黎和会标志着以顾维钧为代表的中国职业外交官的崛起。他们终于不再步步退让，而是有勇气向全世界说“不”。

外交与领土

一抵达巴黎，顾维钧便开始着手草拟中国需要采取的和谈计划。

事实上，从 1917 年开始，顾维钧就在公使馆里成立了一个小组，专门研究战后中国应该采取的对策，以及如何为中国争取更多的权利。

他判断协约国会胜出。所以中国完全可以不用有过去的顾虑，要想办法把涉及中国切身权益的问题写进和约中，特别是山东问题。他们要理直气壮地提出要求，不必去顾虑之前被迫签订的“中日条约”。

所谓的“中日条约”，也就是《二十一条》。顾维钧曾极力反对该条约，还试图通过向美国泄露消息来阻止该条约的签订。那一次，他竭尽全力，依然无能为力。他觉得这一次是非同寻常的机会。

现在来看，他草拟的计划很完美：要求归还包括山东在内的租界；取消外国人在中国设立的在华领事裁判权、驻军、邮电机构；恢复中国关税自主权。

然而，弱国无外交。

凭着自己在哥伦比亚大学辩论队练就的口才，顾维钧有理有据地申明中国的权利和要求，一时间震惊巴黎。日本代表团甚至拒绝和顾维钧面对面交谈。自称“老虎”，从不赞扬别人的法国总理乔治·克里孟梭评论顾维钧说：“一只中国幼猫。衣着、说话有巴黎人的风格，一心一意地玩弄老鼠。”

终究，顾维钧和他的同事们还是被“老虎们”吞噬了。

那天，在签字仪式上，各国代表团乱哄哄地挤在大厅里，但为中国指定的两个代表座位空无一人。顾维钧驱车漫游在巴黎街头，想象着签字仪式的情景，心情复杂。

他在回忆录中写道：

> 这一天必将被视为一个悲惨的日子，留存于中国历史上……这对我、对代表团全体、对中国都是一个难忘的日子。中国的缺席必将使和会，使法国外交界，甚至使整个世界为之愕然，即使不是为之震动的话。

其实，作为外交官、哥伦比亚大学法学博士，顾维钧很清楚，不签字并非仅仅表明一个态度。

从法律角度来说，只要不在和约上签字，日本就不能合法从德国手里继承山东。这就意味着，我们未来仍有希望解决山东问题。他为此准备了5年，还将为此继续努力3年。他不着急。他要等待机会。比如，世界形势的变化；比如，1920年的美国大选。

他的判断非常准确。

趁着第一次世界大战的时机，日本在中国和太平洋地区的势力得到不断扩张，最终成了美国在远东地区推行门户开放政策的主要障碍。美国大选后，新一届美国政府不愿再继续取悦日本人。为了削弱和抑制日本，在巴黎和会上悬而未决的山东问题就成了美国人眼前最合适下刀的机会。

终于，在华盛顿会议上，中国再次与日本坐上了谈判桌。这一次，美国人决定支持中国。顾维钧和他的同事们赢了。

1921 年 12 月 1 日至 1922 年 1 月 31 日，经过 36 次谈判，中日双方签订了《中日解决山东悬案条约》。1922 年 12 月 10 日，青岛回到了祖国的怀抱。

这是第一次，中国人从外国人手里收回自己领土的主权。

这仅仅是个开始。

1926 年，顾维钧决心向比利时开刀，收回国权。选择比利时是经过他深思熟虑的。

1865 年，中国第二次鸦片战争失败后，列强进一步打开了中国的大门，连比利时这样的国家也能趁机和中国签订不平等条约，其中就包含领事裁判权。双方约定，每十年修约一次。

1926 年正是第六次修约的时间，也是收回国权的绝佳时机。

首先，国际大环境不利于比利时。在这一年，美国已经膨胀了 3 年的房地产泡沫破裂，大批银行家破产，有的沦为乞丐，有的甚至自杀。这场危机也波及了欧洲各国，成为 1929 年大萧条的前奏。列强自顾不暇，哪有精气神去管比利时。这算天时。

其次，这时的中国进入了“统一的分裂”状态。说统一，是因为现在只有一个民国；说分裂，是因为这时有北京政府和广东政府两家，都说自己是正统。如果这时能有一个收回国权的政绩，自然很能为自己加分。所以北京政府鼎力支持收回国权的举动。这是地利。

最后，最重要的是此刻国内民族情绪高涨，全国各地都在搞运动，呼吁废除不平等条约。收回国权是民心所向，众望所归。这是人和。

天时、地利、人和，所有的条件都齐备了。

1926 年 4 月 16 日，北京方面会见比利时驻华公使，指出：中国决定废除旧约，签订一个平等的新条约。27 日，比利时公使回答说：条约可以改，比利时也有修改的权力，不过最好等中国政局稳定时再谈这事。

这是明显的“拖字诀”，谁规定国家政局不稳定就不能谈判了？在随后展开的正式谈判中，比方态度强硬，坚持旧约继续有效，要是不答应，就到国际法庭打官司。

在中比条约中，有两个关键点：一个是领事裁判权，另一个是片面最惠国待遇。领事裁判权亦称“治外法权”，它伤害的是中国的独立司法权；片面最惠国待遇伤害的是中国的关税自主权。

在正常情况下，中国向外国出口商品，外国一定会收取一定的关税，这是对本国商业的保护。当然，外国向中国卖商品，中国也要收关税。

在现代社会里，关税变得武器化了。和谁关系不好，就提高它的关税，让它的相关企业成本陡升，不得不就范。而最惠国待遇就是事先说好，你国来的商品，我统统按最低价收关税。当然，我国卖给你国的商品也要享受最惠国待遇。只有在两国关系特别好，你国商品我特别需要、不会对我国商业形成冲击的情况下，两国才会签署最惠国待遇。这本应是一个互利互惠的协定。

说到这里，“片面最惠国待遇”就好理解了。它就是当年列强欺负中国不懂游戏规则，给中国下的套。比利时卖给大清东西，享受最低关税。大清卖给比利时东西，却不享受最惠国待遇。可想而知，中国跟比利时进行贸易时会有多吃亏。

比利时死死咬住这两点利益不松口。眼见比利时态度强硬，中方暂时退让了一步，提出先不谈领事裁判权，先暂缓修约 6 个月。然而 6 个月很快过去，中方的让步没有换来比方的善意，他们不光不想放弃领事裁判权，连起码的平等贸易权也不想给。

它的心思很明确：不相信中方能持续保持强硬。

过去几十年的交往让列强对中国的外交产生了刻板印象：外强中干。只要自己不松口，中国外交官和中国政府，总有一个撑不住。

比利时的另一个想法是，只要持续下去，列强就一定会干涉，毕竟中国在收回权力。如果让中国成功了，那比利时就是倒下的第一块多米诺骨牌。如果其他列强不出来干涉，那后面就会轮到他们。他们会眼看着这种事发生吗？

但是这次比利时错了。它错估了国际形势，更错估了中国人的决心。

在随后的谈判中，顾维钧与比利时驻华公使舌战4个小时，逐条驳斥了比方的无理要求。比利时理屈词穷，当起了老赖：反正比利时就是不签字，中国要是敢毁约，比利时就去海牙国际法庭告中国。

既然是这个态度，中方就没什么好客气的了。中国外交部连夜召开紧急会议，草拟废约文件。次日经内阁会议，决定以摄行大总统令宣布中比条约失效。顾维钧很快向张作霖呈交报告，连总统法令都帮他写好了，把谈判原委、终止旧条约理由等内容写得明明白白。

1926年11月6日，张作霖发布终止中比条约法令。同日，外交部发布《中比条约交涉终止宣言》。

宣言刚一发布，北京政府就立即着手接管天津比利时租界。此举引起了比利时人强烈的反对，他们立即向海牙国际法庭提起诉讼。

12月13日，海牙国际法庭通知中国驻荷公使到庭，声称“如不到庭答辩，将受缺席裁判”。然而这一切都在顾维钧等人的意料之中，他们通知驻荷公使，不用理海牙国际法庭的通知。

顾维钧的底气来自《国际联盟盟约》。盟约第十条规定："联盟尊重成员国领土完整，政治独立。"

顾维钧就拿这条做文章。比利时在中国有租界，享有领事裁判权，这叫领土完整？这叫政治独立？

比利时在法理上辩不过，想象中的盟友也不来，中国废约风潮愈演愈烈，国际上的民族自决运动风起云涌。所有的状况都对比利时不利。比利时终究不敢逆潮流而动，只好中止了海牙国际法庭的诉讼，将天津比利时租界交还中国。

国权收回的那一刻，顾维钧说：

> 这是中国政府第一次在面对另一缔约国公开、正式反对的情况下宣布彻底废除旧的不平等条约的，中国有必要这样做，不仅因为中国根据情况变迁原则在国际法面前有充分理由，更是因为中国有必要开创一个先例，证明中国决心行动起来，以结束一世纪以来不平等条约给中国人民带来的灾难。

此后，通过不懈的努力，中国人逐渐从列强手里收回了自己的领土主权，而且几乎每一次都有顾维钧等外交官的身影。

从外交荒漠而来

当 17 岁的顾维钧念完预科，决定到哥伦比亚大学学习的时候，他未曾想过，自己会成为中国外交史上的一盏航标灯。

他想从政，想为国效力，想实行改革——特别是在处理外交关系方面。毕竟，当时的中国外交事务状况实在是一言难尽。

几千年的“朝贡”体系导致中国政府对现代外交一直没有什么清醒的认知，总想着自己是“上国”，外国人都是不用特别在意的“夷”。在处理“夷务”上，我们只有态度没有策略，跟不上形势，不懂法，还不肯学习。

这就造成了在当时的大部分外交事务中，中国的态度往往是起初很强硬，但对方脸一板枪一亮，中国马上就怂了。也有聪明人，例如李鸿章，试图合纵连横。但大家的认知水平根本不在同一条线上。每次交涉完，我们都是美滋滋回家后才发现，怎么自己赔了个精光？

但更重要的是，当时的中国从上到下都没什么主权意识。

例如我们前面所提到的领事裁判权。简而言之，就是在中国的外国领事有独立的司法权，与之相对应的，还有独立的裁判机构及警察，可以自主裁定一切涉及外国人及相关中国人的案件。在当时的中国有独立司法权的，有 20 多个国家。

难以想象，我们之所以签订这种破坏国家司法独立性的条约，竟然是因为当时的大清官员们觉得处理外国人的相关纠纷太麻烦了。

顾维钧曾经想在巴黎和会上解决这个问题，但直到 1943 年，中国和英美分别签署了《中美关于取消美国在华治外法权及处理有关问题之条约》《中英关于取消英国在华治外法权及其有关特权条约》，才宣告领事裁判权终结。

此时距离大清丧失司法主权，正好一百年。

外交官的拙劣表现，也不能全怪他们。事实上，晚清外交官们的生存环境非常恶劣。在官场，同僚都看不上他们。留洋回来的外交官讲英文，不仅会被讥笑还要被排挤。一个不小心，皇帝就“甩锅”下来，背骂名也就罢了，就怕如林则徐，被贬发配，身家性命难保。

外交官有心无力也就罢了，还连个正式的番号都没有。总理衙门、外务部，看似有了进步，但事实上，外交官的地位一直游离在权力的边缘，处在“背锅”的第一线——甲午战争后，他们还要面临觉醒的民众的唾骂。

想想看，这么一份工作，事情多、责任重、压力大、权限小，被组织边缘化，受同僚排挤，被舆论唾弃……随时还可能成为上司的替罪羊，有几个人想干？

因此，当顾维钧打算专修国际政治和外交时，他的同学就劝他：后台不够硬，又没有什么党派支持，中国从古到今，政治太危险了，单枪匹马当心丢了性命。

这番话，有一部分是对的。

不过，在严酷的环境下，有生机在涌动。中国的外交官们并没有就此躺平任嘲，唐绍仪就是其中的典范。

他们或许没有受过专业的训练，最多算是“半职业外交官”。

但他们受过西方教育，出于个人兴趣、愿望、志向，主动去研究西方典章制度、法律法规、风俗习惯，试图用国际性的眼光去分析局势，研究如何用西方的法律规则来处理外交事务。通过一代人的努力，他们在一些涉外活动、事务和签约中发挥了重要作用，为顾维钧这一批职业外交官打下了良好的基础。

同时，政治上，清政府由闭关转向开放，试图进一步向西方学习——虽然谨小慎微，但毕竟也是向前迈开了历史性的一步。

这些促使顾维钧决心从政，专攻国际法、外交学。他的导师提醒他：上法学院不是为了获得法学学位，而是为了掌握关于司法基本原则的知识，这对以后处理国际法和外交事务都会有很大的帮助。

顾维钧在哥伦比亚大学学习了除司法程序以外的所有课程，从学士到硕士，再到博士。他还掌握了英语、德语、法语、拉丁语等语言，甚至还选修了地质学。他的社交活动非常丰富，讲演、辩论赛、戏剧社、校田径队、法语学会、高年级学生协会……他还担任校刊《旁观者》的总编、《哥伦比亚大学月刊》的业务经理和《哥伦比亚人》的编辑，后来又出任全美中国留学生刊物《中国学生月刊》的主编……留学期间所接受的系统、专业、全方位的训练，为顾维钧未来的职业生涯奠定了相当扎实的基础。

1908 年，唐绍仪以大清特使的身份访美，在美留学生自然要盛情接待。顾维钧作为学生代表向唐绍仪致答谢词。其间，顾维钧顾盼自若，侃侃而谈，让唐绍仪大为赏识。

回国后，唐绍仪在袁世凯面前大力推荐顾维钧。他告诉袁世凯，顾维钧就是国家最需要的外交人才，如果将来有外交部门，他就是负责人的不二之选。最终，顾维钧在导师的帮助下，提前完成博士论文答辩，拿到了学位。他终于可以放心地收拾行囊，回国就职了。

所以说，时代可能会为个人的发展提供机遇，但如何把握机遇是离不开个人与时俱进的努力程度的。只有具有个人能动性、创造性的选择，才能把可能性转变为现实性的自觉动力，进而影响未来个人甚至是国家民族的发展。

1912 年 4 月，他踌躇满志地登上回国的轮船。

职业外交

在留学期间，顾维钧一直密切关注着国内的形势。一直以来，对于是否要如他父亲所愿回国，在清政府担任官职，顾维钧是很犹豫的。但辛亥革命的成功，让他意识到他或许有可能施展所学。

总统英文秘书兼内阁总理秘书，是他回到北京、进入中国官场后最开始担任的职务。

“新”与“旧”之间的矛盾，因唐绍仪与袁世凯之间的决裂最终爆发。不过，唐绍仪劝告顾维钧别跟他跑了，后者的位置在外交部。

其时，新上任的外交总长陆征祥正准备仿照西方国家的模式改组外交部。改革措施之一就是招揽一批经过专业训练且精通外语的人才，来专职从事外交工作。顾维钧毫无疑问是最合适的人选。

顾维钧购买了大量的外交专业书籍，使外交部的图书馆建设初具雏形。他设立了档案科，通过编制索引，将档案分类归档；负责组织了翻译课，汇集各国报刊上有关中国的新闻报道，译成中文存档；承担了路透社、美联社等媒体的新闻稿的翻译，编成《新闻简讯》，每天送呈一份到总统府……

这些改革不仅提高了外交部的工作效率，也为外交人才进一步的培养、训练打下了良好的基础。

在那段时间里，顾维钧作为外交部秘书，有一个经常性的任务——轮流走访东交民巷使馆区的各国使节。这对顾维钧来说是难以理解的。按照国际惯例，外国公使有事情应该主动找驻在国外交部交涉，但在北京竟然本末倒置。

1922 年，顾维钧开始担任北京政府的外交总长，他决心终结这一现象。他严令属下：有事不得主动去外国驻华机构商讨，要严格遵守国际惯例，坚持在自己的办公室里召见各国使节。有事就让各国使节亲自过来处理，外交部官员绝不主动四处奔走，损害国家形象。

起初，一些外国使节颐指气使惯了，反而不适应这种做法。

1923年，日本新任驻华大使芳泽谦吉到达北京。按照惯例，他要先拜会中国外交总长，递交国书副本以求认可，再由外交总长引见，拜会总统，递交正式国书。之后中国才能正式认可他新任驻华大使的身份。但是芳泽谦吉借口中国现任总统空悬，无法按正常流程办理，照会中国外交部主动找他办理。

顾维钧下令：不许理他。在没有走完正式流程前，中国不承认芳泽谦吉的大使身份。日方恼羞成怒，气势汹汹地跑来质询。顾维钧答复：不知道芳泽谦吉来北京，更不知道他是以什么身份来北京，所以拒绝和他打交道。

中方理直气壮，日方理屈词穷，只得按照流程，递交国书。有了这次样板，列强逐渐收起轻视之心，开始自觉按规矩办事。

顾维钧身在弱国，处于被轻视一端，争的却是一国的尊严。从礼仪角度切入，更是凸显了顾维钧等人的专业水准。

衡量专业与否的一个重要标准，是看能不能以最小的牺牲换取最大的利益。中国当时无疑处于弱国地位，向列强争取重大国权容易造成较大反弹，让列强心生警惕，反而更难展开工作。从礼仪上切入则好处多多，首先这是本来属于中国的正当权益，争取起来理直气壮。同时，它不是它国的核心利益，遵循礼仪本就是外交官应尽的义务，根本谈不上损失。

改变一个小小的规则，不仅显示了中国外交人员的专业程度，更是从形式上申明了中国的主权国家地位。

这也是一种外交谈判中常用的心理战术，在心理学上叫作

“登门槛效应”，即一开始向对方提一个微不足道的要求，对方会很容易答应，一旦这个口子开了，你再去提其他要求时，对方就不太容易拒绝。

对于顾维钧来说，弱国外交首先要建立平等地位，在此基础上，更重要的是先不要强求百分之百的胜利。

我们总是说顾维钧是真正的“中国第一代职业外交家”。为什么呢？难道说中国过去没有职业外交家吗？

的确没有。在说清楚这个问题之前，我必须先解释清楚什么叫专业，什么叫职业。

两者考虑问题的角度不一样。专业的基本素养，叫“精益求精”。专业人士的使命是不断挑战所在行业的极限，越是别人难以企及的高度，越能凸显专业的价值。越是难度系数高的任务，越能展示专业水准。

但是从职业角度看，就是另外一番考量。众所周知，世间存在一条规律，叫作“二八法则”。从收益上看，80% 的收益是由 20% 的核心收入贡献的。然而，到了付出时，为了成为那 20% 的顶尖存在，却需要付出 80% 的精力。那么这 80% 的付出，究竟值不值得？这才是专业和职业的分界线。

专业人士会说，值得。我要让自己成为业界前 20% 的存在，甚至是那 1% 的存在，为此付出多少我都不在乎。但是职业人士会说，不值得。如果可以，我会用 20% 的资源去争取 80% 的收益，于我而言，80% 就足够了，不需要尽善尽美。而对于剩下的资源，我可以用它来争取其他领域的80%。如果每个领域都遵循“二八法则”的话，我可以至少拿到5个领域的80%。而专业人士在一个领域，将资源全部压上，极限收益只有100%。

顾维钧曾经解释了自己的外交原则：

> “宁为玉碎，不为瓦全”，在外交上却不能接受这条成语，因为国家是不能任其破碎的。在外交上也不可能指望百分百的成功，如果你要达到百分百的成功，而对方也这样要求，那就不可能有成功的外交，因为这样就无法达成任何协议。能做到60%~70%的成功，对你来说即是大胜。

换句话说就是，要懂得妥协。

在传统认知中，妥协是外交领域中最不能为人接受的，那不是拿国家利益做交易吗？作为外交官，不应该威武不屈、大义凛然、寸土不让吗？很遗憾，这些只存在于传奇故事中，在现实中几乎不存在。事实上，真正的外交事务充满了较量与计算、妥协与交换。

以前面我们所说的收回山东租界主权的谈判来说，在36轮的谈判中，胶州铁路一直是其中最重要且难度最大、最费时的问题。顾维钧坚持的是收回铁路的主权，在此基础上，可以接受“中国政府支付赎金”这个条件。

这就是外交事务上的“二八法则”。

看上去，每次外交都留下了一个尾巴，未竟全功，但只要已经争取到核心利益，仍然可以算是大胜。如果非要求全责备，用尽国家资源去争取那最后 20% 的利益，既不现实，也没必要。

顾维钧此举可以说是为所有外交官松了绑，让他们可以用一种更加现实和理性的态度去处理国际事务，这才是对国家和民族利益负责的最好方式。

独立外交

在顾维钧的理念中，外交应该考虑的是民族利益，而政治只是党派利益，二者完全是两码事。一直以来，他都试图独立于中国内政争斗，专注于外交。

顾维钧之前的外交官们都不是独立的职业外交官，而是权贵、利益团体、政党的代言人。在巴黎和会上，顾维钧就经历过中国代表团因南北派系之争所导致的分裂。

在很长一段时间里，我国人才的发现与提拔靠的是“伯乐制”。一个人是不是人才，能不能发挥作用，都需要有权贵的举荐。然而，一旦受了某位权贵的举荐，那他终身就和这位权贵绑定了，成为他派系中的一员。如果国家利益和权贵利益、派系利益起了冲突，他首先要维护的便不再是国家利益。不然，被扣上一个“忘恩负义”的罪名是跑不了的。

所以我们在看民国历史的时候，总是能看到这个系、那个系，比如军阀就分为桂系、滇系、直系、奉系等，政治上又分成北洋系、广东系等，五花八门。这种关系无处不在，像癌细胞一样渗透国家的每一个角落。前面我们说蒋百里时提到了保定军校，一所小小的军校里面还分成四个系，依附关系的渗透程度可见一斑。

在这种环境下，外交系统自然也不能独善其身。民国成立后，袁世凯要起手腕，把自己的亲信故交安排进了外交部，把它打造成了自己的后院。日后民国政府许多明显不符合国家利益的外交举动都和此有关。

这种状况到了顾维钧时代，终于得以终结。

顾维钧相比传统的外交家有许多不同。他的成长期就在美国，回国后立刻身居高位。相比国内政治家，他或许不太接地气，行事或许比较理想化，但这也成了他的优势。少了国内依附关系的浸染，他行事少了许多不必要的顾忌。

在顾维钧看来，内政就是内政，外交就是外交，国家和民族利益才是外交官应该考虑的问题，“如果是民族利益，那就是永恒的，不会因时间、舆论或党派而改变”。至于政治势力的利益，不在其考虑之列。

顾维钧的这种态度被人批评为没有政治头脑。顾维钧回应说：“我可以接受这种批评，如果一个外交官有了政治头脑，他的外交事业反而危险了。”

袁世凯倒台以后，中国政坛变得四分五裂。而顾维钧领衔的外交系统，因为没有与任何派系有依附关系，反而逃过一劫，完整地保留下来，被当时的人称为“外交系”。又因为他们没有任何政治上的野心，“只做分内的事情”，反而和所有政治势力都保持着良好的合作关系。

九一八事变后，有一次，顾维钧借外委会休会间歇返回北京。蒋介石特别指示手下到机场为其送行，并交给他一封信。信内附有一份用作旅费的300元支票。顾维钧表示了感谢，但还是把钱退了回去。

中国近代外交从屈辱中开始，自边缘处崛起，在轻视中成长，在懵懂中前行。直到顾维钧时代，中国外交人员才找到属于自己的位置和责任，也才真正成为政坛新的一极，获得了本该属于他们的地位和尊严。

今天我们都知道，顾维钧一生在外交事业上打拼，获得了声望与尊重。

他的第二任妻子在回忆录中伤心地写道：“他的一生都献给了国家。所以也不奇怪他从未把我当作一个鲜活的个人。他是个值得尊敬的人，是中国需要的那种人，但不适合做我的丈夫。”

在职业生涯中，他的最高成就是担任海牙国际法庭的副庭长。讽刺的是，这其实是一个无奈之举。

1956年，当顾维钧终于从国民党政权脱身时，他才发现自己已经生活拮据。早年的财产被国民政府巧取豪夺去了。前妻唐宝玥留给他的珠宝被日本人抢走了。父辈留下的不动产也被日军炸毁改作机场了。顾维钧年逾古稀，竟然还要为养老问题发愁。所幸，海牙国际法庭开出的薪水还算可观，就算不能让他大富大贵，也够他衣食无忧。

和第二任妻子离婚后，晚年他又迎娶了最后一任妻子——严幼韵。在严幼韵的悉心照料下，顾维钧晚年过得安宁祥和。他一生严谨刻板，却在严幼韵的手中化成了绕指柔。

到 72 岁，他还去学习滑雪。连顾维钧的大儿子顾德昌也不得不承认，如果没有严幼韵，顾维钧的寿命可能要缩短 20 年。

1985 年 11 月 14 日那天早上，顾维钧问严幼韵他们周末去哪里玩。

然而，他们没有时间了。当天晚上，顾维钧无疾而终，享年 97 岁。

在日记本上，顾维钧留给了世间最后一句话：

“A quiet day.”

平静的一天。

『先锋女性』杨步伟

通往幸福的终极答案

可是最要紧的，

我就是我，

不是别人。

——杨步伟

杨步伟是本书介绍的9位近代人物中唯一的女性。

她很特别。

在自传中，她写道：

> 可是最要紧的，我就是我，不是别人。我是五尺一，不是五尺四（要是的话我倒随便）。我从前称九十磅愿意有一百二十五磅，后来我一百三十五磅还愿意一百二十五磅（近来倒是差不多了）。我在中国人当中算是白的，我从来不浓妆。我虽然以前穿过几年的西服，并且在中国剪短头发在熟人当中我比谁都早，可是我喜欢简单的装束。我的衣服虽然很多，我多半喜欢直的旗袍，因为这样可以刚刚不胖不瘦。我爱吃什么就吃什么。

就算在现在，敢于这样自我陈述的女性，也足够有趣、足够有魅力了。而杨步伟生于1889年。

19世纪末20世纪初的女性处于什么境况？

1906年7月6日，25岁的鲁迅被母亲骗回家完婚。但此后，鲁迅终生没有再多看“妻子”朱安一眼。鲁迅多次对友人说：“这是母亲送给我的一件礼物，我只负有一种赡养的义务，爱情是我所不知道的。”1947年6月29日，朱安孤独地去世了。她走时，身边没有一个人。

1909年，在屈服于父亲的固执成婚后，顾维钧还是决定与张润娥离婚。他用了一种极其决绝的方式：他起草了一份离婚协议书，让张润娥抄写 4 份。两家父母各自一份，自己和张润娥各自一份。张润娥默默按照顾维钧的要求办，收拾行李回国。此后，她削发为尼，常伴青灯古佛，至死也没有接受过顾维钧的援助。

1910 年，蒋百里学成归国。在家人的安排下，他和大他一岁的查品珍结婚。查品珍说“他可以负心，我不可背德”。蒋百里婚后立即北上就职，查品珍留在老家侍奉婆母。1938 年，蒋百里病逝。第二年冬天，查品珍悄然离世，时年 59 岁，终身未育。

民国历史深刻地改变了中国，它不仅改变了国家结构，还重新构建了家庭结构。

中国古代的家族制是由同姓近血缘的族群聚集而成的。由族长统一协调成员的行为和利益，辈分本身就提供了天然的秩序，也成了天然的层级。其好处是家族内井然有序，方便个体找准自己的位置，从家族中得到庇护；代价是个体利益需要向家族利益妥协。有时甚至只是长辈个人的好恶，就能决定晚辈一生的荣辱和得失。

民国时期第一批觉醒的人，选择了和自己的家族“脱钩”。他们选中的第一个“钩子”往往就是家族为他们安排的婚姻。

男性要与旧时代决裂，女性却不得不在新旧道德逼仄的夹缝中生存。一面是恪守旧道德的父母公婆，一面是拥护新道德的丈夫。她们没有做错任何事，只因为民国婚恋革命是以男权为主干的，这些原配就成了沉默的大多数。最终，她们在历史上只留下或明或暗的影子，定格为各种类型“悲摧”的代名词。

能从旧道德中杀出来，赢得属于自己的幸福，还能赢得漂亮、留下名字的，寥寥无几。

杨步伟就是其中之一。

我要决定我的幸福

杨步伟的婚姻，在她出生前就定下了。

中国古代的世家望族，往往保持着世世代代的亲密关系，以便形成事实上的阶层垄断。这叫作“通家之好”。保持亲密关系的一个重要手段就是联姻。联姻发展到极致，就是“指腹为婚”，即两家准妈妈（甚至连妈妈都还不是）坐在一起，为没出世的孩子定下关系：都是男孩就做兄弟，都是女孩就做姐妹，一男一女就做夫妻。

如果杨步伟再早出生几年，她大概就会接受这样的命运。不过，她出生在一个好年份：1889 年。这是晚清社会难得的美好时期。太平天国造成的伤痛正在被抹平，甲午战争还没有发生，洋务运动正在如火如荼地进行，大清一派“中兴气象”。

上到政府，下到民间，开明的人士越来越多，杨步伟的爷爷杨仁山就是其中之一。杨步伟出生时，杨仁山正作为中国代表，出席在巴黎召开的世界博览会。多年之后，杨步伟回忆起此事时，调侃地说道：“我比埃菲尔铁塔小 8 个月。”

杨仁山早先在曾国藩手下做幕僚，得曾国藩重用，负责军队的粮草供应。曾国藩过世前，还特意交代儿子曾纪泽“杨仁山是个大有作用的人，一定要好好关照他”。

后来曾纪泽被派遣到英法两国担任公使时，还特意邀请杨仁山做参赞。杨仁山到欧洲不久就迷上了欧洲的科技。他不仅把全部薪水都买了天文望远镜、地球仪、照相机等一大堆仪器，还安排长子去法国和德国研究科学、学习测量。

西行归来，杨仁山断定：西学兴起是迟早的事儿。所以杨仁山对所谓的仕途毫不在意，还劝诫子女不必强求仕途。他已经为后辈打下殷实的家业，认为“学科学不怕没饭吃”。

杨步伟 7 岁那年，撞见祖父和父亲聊英国宪法和人权。在杨家，这已然是常态。年幼的杨步伟一脸懵懂，却对“人民有权”极其感兴趣，赶忙追问什么叫“人民有权”。

杨仁山告诉她：人民有权，就是百姓可以选举代表，代表可以投票，判断是非对错，管着政府。

杨步伟似懂非懂，就问他们，她是不是有权决定她自己要做的事。

父亲解释道：第一，权力不能滥用，要先看事情对不对，才能说要不要做。第二，她现在还小，要等到有了学问，知道世界大事，才能有权和用权。这就要多读书知道古代事，要进学堂学习现代事。有了学问和经验，才能用自己的权力去判断。所以，就连外国人，也要等到21岁才能行使他的权利。

从那天起，杨步伟就隐约感觉到：自己的事，是可以自己做主的。

人能在人生的早期就意识到自身的价值，实在是件很幸福的事。尽管今天人类的平均寿命已经延长了很多，从年近古稀（70岁）到今天的“百岁人生”，但人如果能尽早意识到自己的人生价值，明确自己的使命与追求，就可以尽早获得一种笃定的状态，让自己的一生活得更加充实而坚定。

我们如果去盘点那些自认为幸福的人的故事，无论是轰轰烈烈还是平淡如水，就能发现：他们总是在有了笃定持久的价值观，发现了值得一生坚守的东西之后，才发自内心地感受到幸福。这个值得坚守的东西就像心灵的种子，生根、发芽、壮大，陪伴他们一生。

而原生家庭正是播下这颗种子的地方。

不幸的人生大多是从不幸的童年开始的。童年的伤痕往往需要一生的时间去修复。但如果在童年播下一颗幸福的种子，这颗种子就会成为一生遮风挡雨的树荫。幸福的定义各有不同，状态也因人而异，但是“认定自己独立自由”却是共同的答案。

在那个大转型、大动荡的年代，各种思潮纷至沓来，杨步伟依然保持着淡定与笃定，成为为数不多的幸福一生的人的典范。正是这颗种子，奠定了杨步伟一生幸福的底色。

长辈为后辈播撒的心灵种子，才是人生真正的起跑线。

杨步伟稍大一点儿后，进入当地的旅宁学校上学。可巧的是，这所学校正是杨仁山主持创办的。早年杨仁山为官之时，同僚曾提议他顺应风潮，开办学校，也算是为地方做善事。杨仁山从谏如流，主持创办了这所学校，没想到今日荫及子孙。

一次考作文时，杨步伟开篇第一句就是："女子者，国民之母也。"

这句话在今天听起来稀松平常，我们如果不将其代入当时的社会背景之下，就无法读出杨步伟写下这句话时的气魄。要知道，即使是当时女权代表吕碧城对女权的定义，也只是吕碧城在《论提倡女学之宗旨》一文中提到的："民者，国之本也；女者，家之本也。凡人娶妇以成家，即积家以成国。"借女性在家庭中的地位，然后以家喻国，凸显女性地位。而杨步伟一开口，就把女性抬高到了"国之母"的地位，着实惊世骇俗。

随着年龄的增长，婚事问题越来越重地压在杨步伟心头。男方妈妈是个守旧的女性，看不惯她接受这么多教育，总劝说杨家长辈让她收了心，安心做人妇才好。

21 岁那年，杨步伟还记得双方家庭的"盟约"。她找到祖父：当年说 21 岁就可以用自己的权，现在可以了吗?

在杨步伟的自传中，她描述道：祖父不说话。他拿一种四千年文化的眼光来照在她这个 20 世纪的问题上。然后，他问了一句："你不会后悔吗？"

杨步伟的回答极其简单：“不”。

随即，杨步伟写了一封退婚信：“日后难得翁姑之意，反贻父母之羞，既有懊悔于将来，不如挽回于现在。”

行文简洁明快，逻辑酣畅。就算用今天挑剔的目光来审视，也不得不承认这是一番极具说服力的表白。

她先是绕开了“对错”这个扯不清的话题，变成了“他们没错，我也没错，就是处不来”，然后搬出自己的父母。让父母蒙羞就是“不孝”。“不孝”在中国传统文化中是个极严重的问题，任谁也不敢担负这个罪名。在极礼貌的措辞下，她展示了极坚决的态度。

杨仁山读后大为赞赏，认为她真是成人了，证明她配有自由权了！这番措辞既遵循礼数，又不至于让对方伤心，还成全对方母子的感情，杨仁山相信孙女将来对自己、对别人的事，都能处理得很好。

有了祖父的支持，杨步伟又去寻求父亲的支持。父亲说：这样好像有点儿对不起那个男孩，他没做错什么。

杨步伟说，只是他不幸遇上了，她也只能说抱歉。

尽管杨步伟做了一切能做的努力，到底还是在两家掀起了轩然大波。最终还是祖父杨仁山一锤定音：“一个人若是不愿做这样的事，一定要他做，一生不能过好的。所以自古以来不知牺牲多少人。我们人类总要给各种事往好里改良。你们口口声声说母命难违，那么我是父亲，我来悔这个约。”

直到这一刻，杨步伟才真觉得轻松了，“现在可以算是无条件的自由了”。

“相夫”的高境界

从社会的一般评价标准来看，成年后的杨步伟绝对是一个“事业女性”。

在日本完成了医学博士阶段的学业后，学成归国的杨步伟踌躇满志，打算开设一家妇幼医院，守护中国女性的健康。

由于这所医院是杨步伟与两个好闺蜜林贯虹、李贯中三个人的共同理想，恰好每个人名字里都有“木”字，所以取一个“森”字，又因为林贯虹英年早逝，三人少了一人，所以取一个“仁”字，“森仁医院”由此横空出世。

其中，林贯虹值得单独说一说。

林贯虹是林则徐后人，生性豪爽，和杨步伟在旅宁学校时就是同学。当初，她就是看了杨步伟那句“女子者，国民之母也”，对其极为佩服，她对杨步伟说她以后一定是要伟大的！不如改叫“杨步伟”。

杨步伟的闺名叫杨兰仙，官名叫杨韵卿，个个雅致，而“杨步伟”这个名字男子气十足，所以起初她并没有接受。后来，林贯虹因病去世，为了纪念好友，她才以“杨步伟”自命。

在杨步伟的努力下，医院的业务蒸蒸日上，前来就诊的女性越来越多。多年以后，杨步伟回忆起这段时光也自豪地说：经她的手治好的女人有好几百，经她的手出生的孩子也有好几百。

假如时光就这样静静地走下去，杨步伟大概会和林巧稚医生一样，成为中国的妇科圣手。但是一段插曲彻底改变了杨步伟的一生。

在一次朋友聚会中，一个赴美留学生闯了进来。朋友告诉杨步伟，此人叫赵元任，在美国任教，刚从美国回来。赵元任对杨步伟一见倾心，尽管他比杨小三岁，可是感觉对了，年龄又能算什么呢?

赵元任任职的清华大学，距离杨步伟的医院大约 9 千米，可这也挡不住赵元任每天“打卡”的诚心。有一次，赵元任进来时脚步匆匆，踢碎了一个花盆，当下表示要赔偿。从此以后，每到杨步伟生日，赵元任就赔她两盆花，累计赔了 90 盆。

杨步伟是森仁医院的主力医生，经常忙得顾不上招待赵元任。赵元任也不在意，有机会就聊天，没机会就做自己的翻译工作。经典译本《爱丽丝梦游仙境》的翻译工作就是在这种场景下完成的。

这个赵元任，如果我们不用重墨把他展开讲一讲，那么本章内容至少缺失了一半的价值。

赵元任是清朝诗人赵翼的后人，就是写出“江山代有才人出，各领风骚数百年”的那个赵翼。也许应了祖宗的预言，赵元任从小就是学霸，但是用“学霸”这个词来形容他实在是太弱了，因为每个学校都有学霸，并不罕见，赵元任这个级别的，用“学神”似乎更贴切一点儿。

赵元任 11 岁那年，父母双亡，不得已辍学在家。他整天放风筝、拆钟表，不进学业。可就是这样，在复学一年后，他就考入了南京的江南高等学堂预科。后来“庚款留学”考试，赵元任考中第 2 名，胡适是第 55 名。

学神有学神的烦恼——他不知道自己到底该干什么。从中国到美国落脚，他的理想已经变了七八回：登船时立志做个机电工程师，坐上火车时就变成想成为物理学家，从康奈尔大学毕业想成为数学家，从哈佛大学毕业时又成了哲学系博士。

出来工作时，他也是“无迹可寻”的：在康奈尔教物理，回清华教数学，还顺带教点儿音乐。罗素和杜威先后访华，他又全程做翻译。如果这样下去，赵元任在历史上留下的痕迹就会是一团乱麻——每道刻痕都很精彩，但没有一道非常深刻。人们会惊叹于他跨了多少个领域，却会对他到底有什么成就感到一片模糊。

与杨步伟初识之时，赵元任留给杨步伟最深刻的印象应该是语言方面的才华。

在赵元任之前，中国汉语的发展始终基于经验主义。比如汉语的四声调，梁武帝问臣子是哪四个，臣子回答“天子万福”，四个字包含四个声调。至于具体运用，自己体会。近代以前，中国的语文教育就是如此，内容也不出经史子集。如果不是引入了标点符号，如何断句都是一门学问。

进入近代，在列强的字母文字表意精确的映衬之下，汉语“真成了退化的语言”。不仅中国人自己的学习成本高，对外交流更是困难重重。也难怪当时的激进分子提出要废除汉字，全面采用罗马字母组成的拼音文字。假如不是赵元任写了一篇《施氏食狮史》反讽，点醒大众在“某些场合非汉字不可”，今天的局面恐怕大不相同。

在杨步伟的提醒下，赵元任收敛精力，专注于语言学研究，成为积极推动普通话普及的人。中国在统一文字之后，又多了一项消除地域隔阂的利器。

用杨步伟的话说：赵元任找到了他的本行。因为他找到了她。

对于一个“学神”来说，还有什么比明确自己毕生事业更幸福的呢？对于一个人来说，还有什么比找到自己的终身伴侣更幸福的呢？杨步伟是赵元任事业的归宿，也是情感的归宿。相互成就，才是一段感情最真挚、最可贵的模样。

在把医院托付给可靠的朋友后，两人携手办成了堪称民国时期最“断舍离”的婚礼。他们没有去民政部门办理结婚证，而是自己在家里手绘了一张结婚证。婚礼也没有大操大办，只是请了胡适来当证婚人，和几个最好的朋友在家里做了几道小菜，吃了一顿饭。

最后，他们给所有的亲朋好友寄去了一张结婚帖，大意是：大家接到这张帖子的时候，他们已经在 1921 年 6 月 1 日下午三点，东经 120 度平均太阳标准时间结了婚。除了两个例外，贺礼绝对不收。例外一是书信诗文、音乐曲谱等，例外二是直接把钱捐给中国科学社。

这样志趣相投的神仙眷侣，如果用一句话概括，只有赵元任的音乐代表作的标题最为适当："教我如何不想她"。

婚后不久，赵元任得到一个机会，可以以北大教授的身份赴美进修，并且北大每个月还给他赞助 200 美元的生活费。这在赵元任看来是一个非常难得的机会，他非常想去，于是一个十分艰难的选择就这样摆在了杨步伟的面前：她要不要跟丈夫一起去美国？

放在当时，没人会拒绝这样的机会。但对于杨步伟来说，这意味着极大的牺牲。

第一，她必须放弃她创立的医院，基业没了。

第二，杨步伟的英语水平不高，去美国后无法行医，职业没了。

第三，她从受人尊敬的杨医生一下子变成了赵夫人，功业没了。

第四，此后余生，她要花大力气去相夫教子，事业没了。

这样的选择摆在这个世界上绝大多数的女人面前都是大难题：当丈夫有个非常好的发展机会时，要不要放弃自己已有的事业、已有的机会，跟随丈夫而去？

摆在杨步伟面前的问题是两个选项的取舍，在考验她的决策能力。如果放在今天，估计有很多人会帮她找来许多决策工具，给每个选项打分，分值高者取胜。但是这个问题远没有这么简单，它其实是在考验杨步伟“定义幸福的能力”。

今天的心理学研究表明，幸福的状态有很多种，但一定有一个内核，叫作“知行合一”。也就是你的知识、你尊崇的理念和你正在做的事情是并行不悖的，这个时候人才会感觉舒适。如果要做的事违背了你的信念、准则、价值观，哪怕是当时看起来很舒服、很正确的事情，过后你的负罪感也会挥之不去。所以，所谓“定义幸福”，就是定义“什么才是我真正想要的幸福”。

杨步伟的终极追求是独立自由，事业和家庭这两个选项都可以成就她一生的幸福。如今两个选项起了冲突，她放弃了自己的基业、职业、功业、事业，选择了心爱的伴侣。

她没想到的是，她的人生因这次选择进入最低谷，但这次选择也让她的人生越发熠熠生辉。

守卫幸福的能力

金钱不等于幸福，但是我们不可否认金钱守护幸福的作用。往浅里说，有钱可以活得体面，活得有尊严，活得更自由。但是更进一步你就会发现，金钱其实是一种来自社会的奖赏，是其他人对你的某种价值的认可。而换取金钱的能力是一种生存的能力，更是一种守护幸福的能力。

初到美国的赵元任和杨步伟还没有意识到金钱的重要性。按照原计划，赵元任要去哈佛担任讲师。临行前，北大许诺每月给他 200 美元。赵元任心思就活络起来：有这些钱，这一年先不教学，继续精进学问该有多好？就算钱不够花，他卖掉一些值钱的东西，怎么也能支持一年。杨步伟非常同意他的想法：钱能不要就不要了，但能学习时是一定要学的。

到底是书生意气，赵元任对于国内纷乱的时局一无所知。他到美国时是 1921 年，正是中国各派军阀打得昏天黑地的时候。国内在校任职的教授都拿不到钱，何况他这个外派的。当发现说好的 200 美元没了着落时，赵教授急得发疯，不停地发电报催款。两口子盘点了一下手头的流动资产，总共不足 200 美元。他们租住房子时，连桌子和床都没要。房东太太看不过去，主动借了一条褥子给他们，两口子才不至于睡地板。在这人生地不熟的异乡，两人真的是到了山穷水尽的地步。

我们评判一个人时，最好不要评论他在春风得意时的样子，因为即便我们的判断是错的，也会因为后果没有展现出来，看起来像是对的。真正值得关注的是一个人在困境中如何破局。“患难见真情”，不仅可以用来看别人，也可以用来反观自己。

杨步伟在“困境面前，十分从容”，这短短的八个字，要做到绝对是不容易的。不难想象，站在杨步伟的位置上，很多人可能会抱怨自己所托非人。“我为你放弃了这么多，却换来这样的处境”，“所有的牺牲终究是错付了”，对于这样的话，我们肯定不陌生。

而杨步伟没有陷入抱怨之中。她先劝赵元任不要再等，赶紧自救。随后，他们在家里开始了自救计划。这完全称得上一次经典的精益创业教程。

她先是跑到商店橱窗研究了半天手提包，然后当掉了 3 件狐皮服装，换到了启动资金四五十美元。接着，她以月付的形式买了一台缝纫机，每月只付 3 美元。最后，她又买了一大堆假翡翠手镯，回来把自己的一部分衣裙剪裁了，仿照商店橱窗里的手提包样式，做成许多漂亮的手提包。

生产工具只用了 3 美元，最大限度降低了生产成本，给买原材料留足了资金。面料用自己的衣裙，保证面料质量的同时还有效利用了现有资源。剩下的就是考验杨步伟的手艺了。赵元任离开的那个夜晚，杨步伟整整忙了一夜。

第二天一早，房东太太来看她一夜在做什么。杨步伟把做好的手提包指给她看，房东太太一看就喜欢得不得了，谈好价钱后足足挑了两大包，共付 250 美元。下午三点，房东太太约来自己的闺蜜帮杨步伟出货，一个下午又卖了 270 美元。晚上赵元任回来时，杨步伟拿着 500 美元的支票给他看。

得知事情原委后，赵元任又高兴又伤心。他觉得是自己的错误害得爱妻过这种日子。随即，赵元任放下架子，跑去妇女俱乐部演讲，每次能拿200美元。经过两人的一番努力，他们的生活才逐渐宽裕起来，度过了人生中最窘迫的一段时光。

获取更大幸福的能力

婚后，杨步伟多次打算考取行医执照，等待生活稳定下来重操旧业。可惜两度生育打断了她的计划。后来又因为赵元任到处任职，一会儿去哈佛一会儿到耶鲁，一会儿去美国一会儿回中国，她只好逐渐成了全职太太。

其实，历代女性的所有焦虑都可以概括为“与社会脱节的焦虑”。尤其是当家庭与孩子逼迫她放弃一些机会时，这种焦虑就更强烈了。在这种焦虑的裹挟之下，女性哪里还能感到幸福？时至今日，这个问题依旧在困扰着职场女性。

当年，这个问题也在困扰着两人的爱女赵如兰。她曾慨叹婚姻和事业不能两全。杨步伟就骂她：“净背些陈旧俗套的成语，从旧思想里如何能有新眼光呢？”

杨步伟的主张是：一开始要尽可能多地受教育，结婚前最好先去做点儿事。女性婚后一定会被占据原本可以花在事业上的时间和精力，这很可能使女人失去达到本行业最高地位的机会。但这不意味着女人不能又结婚又能达到最高成就，更不是说女人一结婚就要放弃一切事业。女人对家务事有兴趣并不可鄙，但是在成年的时节里学得越多，就越能拿家庭的发展当她学识长进的机会，不会拿家当退步的借口了。等子女们成人离手了，她在社会上立足就更有信心，不是个退步分子。

到了晚年，杨步伟依然没有放弃与社会连接的努力——公益是她一生坚持的事业之一。

1941年年底，美国对日宣战。美国迅速进入战时状态，食物变得紧张起来。但是杨步伟发现，连同鱼翅在内的许多食材都被美国人当作垃圾扔掉了。深入了解后她才知道，美国人的菜谱中没有这些东西，他们不知道这些东西能吃，更不知道怎么做。

受此启发，杨步伟开始写《中国食谱》。她并不想写成一本符合美国人胃口、满是流程和计量的书，她要借助此书宣扬中国文化，让这本书成为中美文化的桥梁。

美国人对中国饮食的最早印象来自华工群体。他们出身底层，在工地周围也不能操办大菜，只能有什么吃什么，怎么简单怎么来。所以，“杂碎”就成了美国人对中国饮食的固有印象。即便是李鸿章访美带来一股“中国热”，也没有改变美国人对中国饮食的低端印象，反而组合出“李鸿章杂碎”这么一道不伦不类的菜品。

而杨步伟的《中国食谱》不仅向美国人解释了正宗中餐的做法，更让美国人感受到中国美食背后的文化魅力。为她作序的赛珍珠在序言中写道：“赵太太（杨步伟），我想提名她为诺贝尔和平奖获得者。因为她提供了一条通往和平更好的路……只有在如此文明的国度才可以创造出如此的美味。”

这本书出版后，立刻成了许多中餐厅老板、厨师和家庭主妇的必备书，前前后后再版 27 次，被翻译成 20 多种语言。许多人也是由这本书重新认识了中国。认识到“一顿饭”对中国人的意义，也明白了中国人为什么喜欢用筷子吃饭。

1971 年金婚纪念日那天，杨步伟当场赋诗一首：“吵吵闹闹五十年，人人都说好姻缘。元任今生欠我业，颠倒阴阳再团圆。”赵元任也即兴和诗一首：“阴阳颠倒又团圆，犹似当年蜜蜜甜。男女平权新世纪，同偕造福为人间。”

1981 年 3 月，杨步伟去世，享年 92 岁。

1982 年 2 月，赵元任先生继归，享年 90 岁。

从想要自己的幸福到争取自己的幸福，再到守卫幸福……杨步伟最终找到了幸福的终极秘密——传播幸福。而传播幸福的最好方式，莫过于创造一个环境，让所有参与者各尽其能，各取所需，在其中发出自己的声音，看到自己的成果。

或许她没有什么划时代的历史壮举，没能终身成为一名医生或校长，但杨步伟从不依附自己的婚姻，积极参与社会活动，救助学生，传播中国文化，写下《中国妇女历代变化史》……她用自己的一生展示了内心充满活力，对世界始终保持关爱的独立女性应有的模样。

从这点来说，杨步伟又何尝不伟大呢？

参考文献

容闳的使命：入海的第一滴水

1. 容闳 . 耶鲁中国人：容闳自传［M］. 南京：江苏凤凰文艺出版社，2018.
2. 容闳 . 西学东渐记［M］. 长沙：湖南人民出版社，1980：12、19、41、71、74、76、84、86、90.
3. 曾国藩 . 曾国藩日记［M］. 长沙：岳麓书社，2015.
4. 董丛林 . 曾国藩卷（中国近代思想家文库）［M］. 北京：中国人民大学出版社，2014.

播种者梁启超：以今日之我战昔日之我

1. 崔志海 . 梁启超自述［M］. 郑州：河南人民出版社，2004.
2. 梁启超 . 新大陆游记［M］. 长沙：湖南人民出版社，1981.
3. 吴荔明 . 梁启超和他的儿女们［M］. 上海：上海人民出版社，1999.

4. 严庆，姜春光 . 走向多族一体的民族国家：试析梁启超中华民族概念的缘起与流变［J］. 广西师范学院学报（哲学社会科学版），2019（01）：104—111.
5. 蒋嘉骏 . 论梁启超的“中华民族”概念［J］. 广东省社会主义学院学报，2011（03）：84—88.
6. 郑师渠 . 梁启超的中华民族精神论［J］. 北京师范大学学报（社会科学版），2007（01）：71—81.
7. 胡适 . 老章又反叛了！［J］. 国语，1925（12）.
8. 梁实秋 . 秋室杂文［M］. 北京：中国工人出版社，2012：95.
9. ［美］费正清 . 费正清对华回忆录［M］. 上海：知识出版社，1991.
10. 梁思礼 . 一个火箭设计师的故事 · 什么是航天精神［M］. 北京：清华大学出版社，2006.
11. 梁启超 . 饮冰室合集［M］. 北京：中华书局，1936.
12. 丁文江，赵丰田 . 梁启超年谱长编［M］. 上海：上海人民出版社，1983：68.
13. 徐志摩 . 我们病了怎么办［J］. 晨报副刊，1926，5.
14. 梁启超 . 我的病与协和医院［J］. 晨报副刊，1926，6.
15. 梁实秋 . 梁实秋散文选集［M］. 北京：百花文艺出版社，2004.
16. 梁启超 . 梁启超家书［M］. 北京：中国青年出版社，2009.

蹈海而去陈天华：被自卑“绑架”的一生

1. 中共中央文献研究室 . 毛泽东早期文稿［M］. 长沙：湖南人民出版社，1990：645.

2. 梁启超 . 戊戌政变记［M］. 长沙：岳麓书社，2011.
3. 徐佛苏 . 对于陈烈士蹈海之感叹［J］. 新民丛报，1906（2）.
4.《湖南历史资料》编辑室 . 湖南历史资料［M］. 长沙：湖南人民出版社，1959.
5. 宋教仁 . 宋教仁日记［M］. 北京：中华书局，2014.
6.［日］实藤惠秀 . 中国人留学日本史（修订译本）［M］. 谭汝谦，林启彦，译 . 北京：北京大学出版社，2012：333.
7. 陈天华 . 陈天华集［M］. 长沙：湖南人民出版社，1958.
8. 陈天华 . 陈天华集［M］. 长沙：湖南人民出版社，1982：25.
9. 新化县志编纂委员会 . 新化县志人物篇·陈天华［M］. 长沙：湖南出版社，1996.
10. 禹靖寰 . 禹之谟史料［M］. 长沙：湖南人民出版社，1981.
11. 上海通社 . 上海研究资料续集［M］. 上海：上海书店，1984：89.
12. 迟云飞 . 陈天华、宋教仁留日史事新探［J］. 近代史研究，2005（06）.

蒋百里的“长线思维”：做人还是做事？

1. 王华玲，沈艳华 . 蒋百里出掌保定军校之缘由探析［J］. 山东文学，2009（4）.
2. 陶菊隐 . 蒋百里先生传［M］. 台湾：文海出版社，1973.
3. 李娟丽，包东波 . 军学奇才蒋百里［M］. 兰州：兰州大学出版社，1998.
4. 河北省政协文史资料研究委员会，保定市政协文史资料研究

委员会 . 保定陆军军官学校［M］. 石家庄：河北人民出版社，1987.
5. 郑志廷，张秋山 . 保定陆军学堂暨军官学校史略［M］. 北京：人民出版社，2005.
6. 司马迁 . 史记［M］. 北京：中华书局，1982.

孔祥熙的助力和阻力：望族里飞出凤凰男

1. 赵荣达 . 孔祥熙述评［M］. 太原：山西高校联合出版社，1992.
2. 陈廷一 . 孔祥熙与宋霭龄［M］. 北京：团结出版社，2004.
3. 陈廷一 . 孔祥熙大传［M］. 青岛：青岛出版社，1998.
4. 胡适 . 胡适日记全编 6：1938—1949［M］. 合肥：安徽教育出版社，2001.
5. 梁玉振 .1935 年南京国民政府法币改革评析［J］. 神州，2014（18）：238—239.
6. 冯琳 . 斯诺夫妇与抗战中的“中国工业合作社”［J］. 百年潮，2005（12）：41—45.

吴宓的坚持：不合时宜的天真

1. 吴宓 . 吴宓自编年谱——1894—1925［M］. 北京：生活 · 读书 · 新知三联书店，1995.
2. 吴宓 . 吴宓日记［M］. 北京：生活 · 读书 · 新知三联书店，1998.
3. 吴宓 . 吴宓日记续编［M］. 北京：生活 · 读书 · 新知三联书店，2006.
4. 吴学昭 . 吴宓与陈寅恪［M］. 北京：生活 · 读书 · 新知三联书

店，2014.
5. 沈卫威 . 吴宓与“学衡”［M］. 郑州：河南大学出版社，2000.
6. 李继凯 . 解析吴宓［M］. 北京：社会科学文献出版社，2001.
7. 岳南 . 南渡北归［M］. 长沙：湖南文艺出版社，2015.
8. 温源宁 . 不够知己［M］. 北京：外语教学与研究出版社，2012.
9. 蒋连根 . 吴宓与王国维的忘年交［J］. 档案春秋，2012（12）:33.
10. 温源宁 . 不够知己［M］. 江枫，译 . 北京：外语教学与研究出版社，2012.
11. 吴学昭 . 吴宓与陈寅恪［M］. 北京：清华大学出版社，1992.
12. 杨绛 . 吴宓先生与钱钟书［J］. 书屋，1998（4）：5—7.
13. 季羡林 . 季羡林小品［M］. 北京：中国人民大学出版社，1990.
14. 张建安 . 吴宓：奇特而矛盾的一生［J］. 江淮文史，2017（1）：77—91.

唐绍仪的孤独与坚守：生不逢时的谈判专家

1. 杨凡逸 . 折冲内外：唐绍仪与近代中国的政治外交（1882—1938）［M］. 北京：东方出版社，2016.
2. 张晓辉，苏苑 . 唐绍仪传［M］. 珠海：珠海出版社，2004.
3. 权赫秀 . 唐绍仪在近代朝鲜十六年活动考述［J］. 韩国研究论丛，2009（2）：289—312.
4. 张国红 . 唐绍仪与中英关于西藏问题的谈判［J］. 文史精华，2003（11）：162.
5. 丁贤俊，陈铮 . 唐绍仪与辛亥南北议和［J］. 历史研究，1990

（3）：131—141.
6. 詹庆华 . 唐绍仪与清季海关［J］. 历史教学，1992（8）：8—11.
7. 杨天石 . 找寻真实的蒋介石：蒋介石日记解读［M］. 重庆：重庆出版社，2015.
8. 陈谦平 .1943 年中英关于西藏问题的交涉［J］. 历史研究，1996（4）：96.

顾维钧的“二八法则”：职业外交家崛起

1. 岳谦厚 . 顾维钧外交思想研究［M］. 北京：人民出版社，2001.
2. 肖刚 . 顾维钧传［M］. 北京：中国文史出版社，1998.
3. 金光耀 . 顾维钧与中国外交［M］. 上海：上海古籍出版社，2001.
4. 高克 . 外交家与战争——顾维钧外交片段［M］. 上海：上海人民出版社，1995.
5. ［加］玛格丽特·麦克米伦 . 缔造和平：1919 巴黎和会及其开启的战后世界［M］. 邓峰，译 . 北京：中信出版社，2018.
6. 顾维钧 . 顾维钧回忆录（第一分册）［M］. 中国社会科学院近代史研究所，译 . 北京：中华书局，1983：341、396、397.
7. 黄慧兰 . 没有不散的筵席［M］. 北京：中国文史出版社，1988.

“先锋女性”杨步伟：通往幸福的终极答案

1. 杨步伟 . 一个女人的自传［M］. 长沙：岳麓书社，1987：12、73、79.
2. 杨步伟 . 杂记赵家［M］. 桂林：广西师范大学出版社，2014.

3. 赵元任．赵元任生活自传［M］．北京：中国华侨出版社，1989.
4. 赵荣光．中华食学两高峰:《中国食谱》《随园食单》——从袁枚到杨步伟［J］．南宁职业技术学院学报，2018（6）：5—10.
5. 华路宏，低宏．杨步伟的饮食人生［J］．扬州大学烹饪学报，2012（4）：15—18.
6. 许寿裳．亡友鲁迅印象记［M］．北京：人民文学出版社，1981.
7. Buwei Yang Chao．How to Cook and Eat in Chinese［M］．New York：Vintage Books，1963．